# GRILLEN!

So geht's und so nicht

## TB & THE BBQ-SCOUTS

# GRILLGUT, ALLES GUT!

Eigentlich können wir doch alle grillen, oder? Na klar, irgendwie schon: Feuer, Fleisch, fertig. Falls Ihnen diese Art zu grillen inzwischen langweilig geworden ist, haben wir dieses Buch genau für Sie gemacht.

bracht hat. Muss auch nicht immer sein, aber es gibt ein paar Grundregeln, die wir einhalten sollten – das Gleiche gilt auch fürs Grillen.

**MIT DEM GRILLEN IST ES WIE** mit dem Autofahren: Nur das Gaspedal bedienen zu können, reicht nicht aus. Und trotzdem glauben viele, dass ein glühender Haufen Holzkohle und eine Grillzange ausreichen, um richtig grillen zu können. Wer so an die Sache herangeht, kann eigentlich nicht viel tun außer zu versuchen, das Fleisch vor dem Verbrennen zu retten – und nicht einmal das klappt immer. Da kann es helfen, echten Grillprofis über die Schulter zu schauen und sich wichtige Grundlagen und Tipps abzugucken.

Natürlich haben wir beim Autofahren nicht mehr ständig beide Hände am Lenkrad, wie es uns unser Fahrlehrer beige-

Ascheverklebte Steaks, langweilige Standardwurst und Verbrennungsgefahr für Grillgut und Griller? **CONTRA!** Auf den linken Buchseiten finden Sie alles, was man beim Grillen falsch machen oder langweilig zubereiten kann.

**DÜRFEN WIR UNS** in diesem Buch als Beifahrer anbieten? Wir kümmern uns um die Karte und navigieren Sie auf unserem Ausflug durch die bunte Welt des Grillens und Barbecues. Sie werden sich vielleicht ab und an ertappt fühlen, weil sie an Mythen geglaubt haben, wie beispielsweise das unsägliche Löschen mit Bier. Es ist Unsinn, und wir sagen Ihnen, wieso das so ist, und nicht nur das: Wir zeigen Ihnen, wie Sie es besser machen können.

Die Basics, Einkaufstipps, Zubereitungsgrundlagen für Marinaden, Saucen, Beilagen und vieles mehr gibt es in diesem Buch. Dazu kriegen Sie na-

türlich jede Menge Profi-tipps, interessante und leckere Rezepte und viele Informationen über Holzkohle, Grilltechnik und alles andere, was zu einem gelungenen BBQ gehört. Dann klappt's auch mit den Nachbarn.

**MIT DIESEM BUCH** werden Sie zum Grillkönner. Sie werden zukünftig Fehler vermeiden, Geld, Zeit und Nerven sparen und entspanntere und abwechslungsreichere Grillfeste feiern. Wir bieten Ihnen unser gesammeltes Wissen, unsere Erfahrungen, unseren „Grillspirit". Jetzt brauchen Sie nur noch etwas Zeit zum Lesen und Spaß am Ausprobieren. Sie

Alles, was gut, richtig und gekonnt – also eindeutig **PRO!** – ist, steht in diesem Buch rechts. Das betrifft nicht nur das Grillgut selbst, sondern auch die unterschiedlichen Grilltypen, das Brennmaterial, den Einkauf, die Hygiene, die Grillplanungen, das Wenden…

Neben den **PRO-CONTRA-SEITEN** gibt es in diesem Buch viele andere Grill-Infos: Was kommt in anderen Teilen der Welt auf den Rost? Welches Grillgut passt zu welcher Jahreszeit? Wie gelingen perfekte Grillklassiker?

werden sehen: Die Welt des Grillens ist unglaublich vielseitig – und gar nicht mal so geheimnisvoll. Und wenn doch mal was nicht geich klappt, denken Sie immer dran: Auch Grillweltmeister haben mal klein angefangen…

**IHRE FAHRLEHRER:**
Das Grillteam „TB & The BBQ-Scouts" besteht seit Ende 2006 und war bereits mehrfacher Deutscher Grillmeister und Vizemeister bei Amateuren und Profis. Von 2008 bis 2011 waren sie Grill-Weltmeister und sind seit 2011 amtierende Vizeweltmeister. Kein Teammitglied ist „vom Fach", also Koch oder Fleischer, Bäcker oder Caterer. Sie alle sind ambitionierte Griller mit viel Enthusiasmus, Spaß am Lernen, Experimentieren und Entwickeln.

# INHALTSVERZEICHNIS

## FRISCH UND KALT: SO GEHT'S LOS!

8 Besseres Grillen fängt beim Einkauf an…
12 Das heiße Dutzend
14 Warenkunde Grillgut
18 Ganz Frisch? — Abgehangen!
20 Herzenswarm? — Kühl und verschlossen!
22 Falsch und fertig? — Fix und frisch!
25 Die besten Marinaden
26 Mager? — Marmoriert!
28 Kobe? — Krone!
30 Suppenrippchen? — Echte BBQ-Ribs!
32 Industriell? — Originell!
34 Höhlenbewohner? — Moderner Mensch!
36 Der perfekte Fisch!
40 Halber Fisch? — Ganzer Fisch!
43 Die besten Grill-Fische
44 Forelle? — Makrele!
46 Grillen im Frühling
48 Gemüse kann man grillen?
51 Das beste Grillgemüse
52 Maiskolben? — Paprikaschoten!
54 Der perfekte Gemüsespieß
59 Butter mit Geschmack

## HINSTELLEN, ANMACHEN, SAUBER BLEIBEN!

62 Von nix kommt nix. Die Hardware muss stimmen.
65 Immer sauber bleiben!
66 Billigkohle? — Gute Holzkohle!
68 Heiz-Briketts? — Grill-Briketts!
70 Feuchter Frust? — Feurige Freude!
73 Grillen in Südamerika
74 BMK-Grill? — BBQ-Grill!
76 Warenkunde Grilltypen
78 Zum Wegwerfen? — Grillspaß to go!
80 Grillen extrem
82 Equipment 1: Basics
84 Grillgabel? — Grillzange!
86 Pünktlich? — Punktgenau!
88 Frühstück vom Grill
90 Die perfekten Chicken Wings
94 Aluschale? — Alufolie!
96 Fettflamme? — Fettschale!
98 Richtig gefährlich? — Richtig gut!
100 Warenkunde Anzündertypen
102 Wedeln und Pusten? — Anzündkamin!
104 Den Grill anmachen
106 Grillen im Sommer
108 Equipment 2: Nice-to-Have
110 Chemische Keule? — Mechanische Bürste!

## HEISS UND RAUCHIG: JETZT WIRD GEGRILLT!

114 Du grillst es doch auch!
118 Die richtige Technik
120 Oben ohne? — Ganz verschlossen!
122 Gut Glut? — Grillzonen!
124 Auf 180? — Entspanntes BBQ!
127 Grillen in Nordamerika
128 Schwindelig drehen? — Gekonnt wenden!
130 Ekliger Qualm? — Würziger Rauch!
132 Schuhsohle? — Saftiges Steak!
134 Das perfekte Steak
138 Anschneiden? — Fühlen!
140 Dünn und Zäh? — Bulgogi!
143 Grillen in Asien
144 Extremes Grillgut
146 Lecker Nitrosamine? — Lecker saftig!
148 Mit Bier löschen? — Mit Bier marinieren!
150 Das perfekte Nackensteak
154 Nachbarn ärgern? — Nachbarn einladen!
156 Bierschädel? — Durcheinander Trinken!
159 Nummer-Sicher-Beilagen
160 Zu viel Salz? — Meersalz!
162 Künstlicher Geschmack? — Natürliche Würze!
165 Grillen im Orient
166 Rauch aus der Flasche? — Rauch aus Hölzern!
168 Grillen im Herbst

170 Schrumpelwurst? — Faltenkur!
172 08/15-Würstchen? — Schaumburger Rolle!
174 Die perfekte Grillwurst!
178 Blödes Brot? — Bellissima Bruschetta!
181 Grillen am Lagerfeuer
182 Das perfekte Grilldessert

## LECKER ESSEN: OHNE STRESS UND HEKTIK!

188 Grillen als Zen-Übung: Entspannung pur…
190 Das Auge isst mit!
192 Grillgutberg? — Gut gegrillte Vielfalt!
194 Appetizer vom Grill
196 Hektisch essen? — Entspannen lassen!
198 Längs zur Faser? — Quer zur Faser!
200 Der perfekte Burger
204 Ketchup wie immer? — Ketchup plus!
206 Whiskeyaroma? — Echter Stoff!
208 Warenkunde Grillsaucen
211 Die besten Heissmacher
212 Aus dem Napf? — Aus dem Handgelenk!
214 Nudelsalat? — Grillsalat!
216 Grillen im Winter

218 Was ist wann fertig?
220 Rezeptideen
221 Register
224 Impressum

-20 °C
bis 5 °C

# FRISCH UND KALT:
# SO GEHT'S LOS!

# BESSERES GRILLEN FÄNGT BEIM EINKAUF AN…

Eine der wichtigsten Fragen vor dem Grillen lautet: Wo kaufe ich mein Grillgut ein? Ihr Motto beim Einkauf sollte sein: Qualität ist wichtiger als Menge – lieber ein gutes Kotelette als drei Steaks aus der Kühltheke, deren Herkunft an ihrer Verpackung nicht erkennbar ist. Nur frisches Grillgut, egal ob Obst, Gemüse, Fisch oder Fleisch, ergibt ein gutes Ergebnis auf dem Grill. Dick marinierte Nackensteaks, wässrige Tomaten oder strohige Ananas können selbst durch den teuersten Grill nicht veredelt werden.

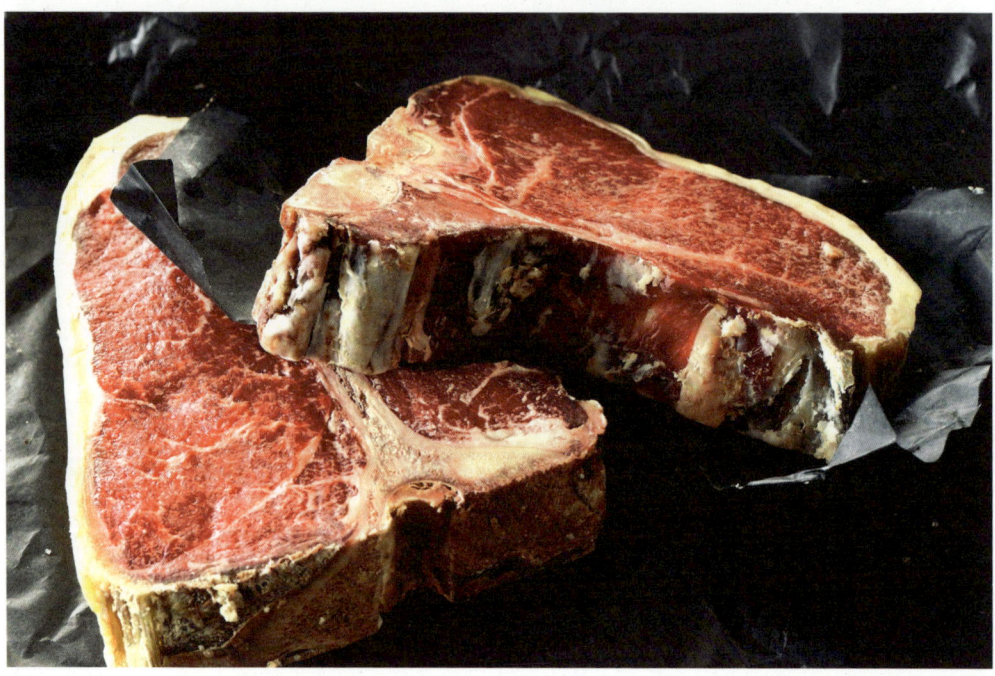

Wer erst am Morgen vor dem BBQ in der Metzgerei steht und überlegt, was am Abend wohl auf dem Grill landen könnte, hat oft schon verloren. Besonders an Wochenenden ist der Andrang groß und die begehrten Fleischstücke schnell weg. Also am besten das gewünschte Fleisch ein paar Tage vorher zur Abholung am Grilltag vorbestellen. Gemüse und Salate werden natürlich frisch besorgt.

**ALLGEMEIN:** Nicht nur für die Hygiene, auch für den Geschmack ist es von Vorteil, wenn Einkauf und Grillen zeitlich nicht zu weit auseinander liegen.

Achten Sie unbedingt auf einen sauberen Arbeitsplatz, besonders bei der Verarbeitung von Fleisch – also keinen tagelang benutzten Spüllappen zum Saubermachen benutzen. Zum Schneiden bieten sich Kunststoffbretter an, die man zuvor heiß abspült und mit Küchenkrepp abtrocknet. Bei Geflügel ist erhöhter Hygieneaufwand erforderlich: Arbeitsgeräte und -flächen sollten vorher mit geeignetem Reinigungsmittel behandelt werden. Das Tragen von Einweghandschuhen sollte man sich für die Speisenzubereitung am besten generell angewöhnen, beim Verarbeiten von Geflügel ist es ein absolutes Muss. Auch bei der Zubereitung von Meeresbewohnern sollte man solche Handschuhe tragen. Alleine schon, um den typischen Fischgeruch nicht auf andere Lebensmittel zu übertragen.

**OBST UND GEMÜSE:** Gemüse und Obst altern gerade im Sommer recht schnell. Beim Einkauf sollten Sie auf frische Ware ohne Druckstellen achten und am besten Obst und Gemüse der Saison nehmen – das kommt in der Regel aus der Region, ist frischer und musste nicht erst um den halben Globus geflogen werden. Nehmen Sie ruhig jedes Stück in die Hand und prüfen es. Gerade in der Gemüsetheke wird die frische Ware gerne ganz nach hinten gepackt. Obst hält sich normalerweise ein paar Tage in einer offenen Schale. Im Sommer bekommt dem Obst eine abgedeckt Lagerung aber besser, damit die kleine Obstfliege keine Chance hat, ihre Eier auf den Früchten abzulegen. Vor dem Verwenden sollten Sie jedes Obst gründlich waschen. Gerade in ländlichen Gebieten haben Bauernläden ein tolles Angebot an leckeren, frischen Produkten. In Städten bieten Wochenmärkte Gemüse und Obst aus heimischem Anbau – wie im Supermarkt muss die Herkunft gekennzeichnet sein. Schauen Sie einfach nach oder fragen Sie. Im Kühlschrank lässt sich Gemüse gut ein, zwei Tage im Gemüsefach aufbewahren. Genau wie Obst immer gründlich waschen.

**FLEISCH:** Am besten beim Metzger besorgen. Kaufen Sie kein vormariniertes Fleisch – vielleicht wird der schlechte Zustand des Fleisches verdeckt? Frische Ware und selbst gemachte Marinaden schmecken viel besser!

Fleisch kann man, wenn es sein muss, ein bis zwei Tage gut gekühlt lagern. Am besten sortenrein in geeigneten Gefäßen, wie Gastronorm-Behältern, die man von der Essensausgabe in der Kantine kennt, oder lebensmittelechten Kunststoffdosen – lieber nicht in der Verpackung vom Fleischer oder Supermarkt. Kühlschränke mit einer Kältezone sind für Fleisch optimal. Hackfleisch muss noch am selben Tag verarbeitet werden.

**GEFLÜGEL:** Die freilaufenden Mistkratzer vom Bauern sind am leckersten. Kaufen Sie sie am besten küchenfertig direkt beim Erzeuger oder auf dem Wochenmarkt und lassen Sie die fertig verpackten Produkte der Geflügelfabriken in der Kühltheke liegen. Am besten ist es, Geflügel direkt am Einkaufstag zu verarbeiten. Eine Lagerung ist ein bis zwei Tage möglich, allerdings nur, wenn Ihr Kühlschrank eine Kältezone hat, in der 2 bis 4 °C herrschen. Wegen der erhöhten Salmonellengefahr sollten bei der Verarbeitung Einmalhandschuhe getragen werden.

**FISCH:** Schauen sie ihm in die Augen: Sind sie klar und ungetrübt, haben Sie ein frisches Exemplar vor sich. Auch Fisch sollte am besten direkt verarbeitet werden. Fettige Fische wie Lachs oder Makrele können Sie auch einen Tag im Kühlschrank lagern.

# Keime? Einfach kaltstellen …

Beim Transport des Grillgutes vom Einkauf nach Hause und von dort zum Grillplatz wird die Hygiene oftmals vernachlässigt. Sie sollten beim Einkauf, ganz besonders bei Fisch, Geflügel und Hackfleisch, am besten immer eine Kühlbox dabeihaben. Viele Läden bieten auch günstige Kühltaschen an. Wenn Sie nett am Fischtresen fragen, bekommen Sie sicher auch etwas Eis für den Weg nach Hause dazu.

**REIHENFOLGE:** Kaufen Sie am besten der Reihenfolge nach so ein, dass die empfindlichste Ware wie Fisch und Fleisch zuletzt im Einkaufswagen landet. So werden unnötige Transport- und Lagerzeiten vermieden und die Ware bleibt länger frisch.

**SCHATTENPARKEN:** Im Sommer in der Sonne zu parken kann die Qualität auch unempfindlicher Ware in kurzer Zeit erheblich verschlechtern. Im Auto kann es dabei bis zu 60 °C heiß werden. Sie wollten doch erst zu Hause grillen?

**ECHT NATUR:** Obst und Gemüse werden oftmals äußerlich mit Konservierungsstoffen behandelt. Achten Sie mithilfe von Biosiegeln auf unbehandelte Ware, besonders wenn die Schale dranbleiben soll.

**KEINE SCHUTZATMOSPHÄRE:** Vermeiden Sie nach Möglichkeit fertig abgepacktes Fleisch mit Schutzatmosphäre. Hinter dem eigentlich positiv klingenden Begriff verbirgt sich ein stark mit Sauerstoff angereichertes Gasgemisch, das Fleisch zwar länger schöner aussehen lässt, es tatsächlich aber durch verstärkte Oxidation sehr schnell ranzig und zäh werden lässt. Es handelt sich dabei um einen rein kosmetischen Vorteil für den Händler – für Sie leider ein Nachteil.

**KAUFEN BEIM FREUND:** Suchen Sie sich gute Stammläden für Ihre hochwertigen Lebensmittel. Für Sie als bekannten Kunden, der die Qualität zu schätzen weiß, wird zum Beispiel der Metzger sicher gerne ein besonderes Stück heraussuchen oder sogar extra schneiden und abhängen.

# DAS HEISSE DUTZEND

**BELIEBT, BEKANNT UND ALTBEWÄHRT:**
Mit diesen zwölf Klassikern auf dem Grill
machen Sie alles richtig.

**KLASSISCH IST NICHT GLEICH LANG-WEILIG.** In Grillwurst, Nackensteak und Co. steckt viel mehr, als die Kühltheke im Discounter Sie glauben machen will. Mit ein paar Kniffen und Tricks wie selbstgemachter Marinade oder indirektem Grillen lassen sich diese Nummer-sicher-Klassiker immer wieder neu entdecken – und schmecken viel besser als die vorbereitete Massenware aus der Folie.

### BRATWURST

**Bratwürste gibt es fein, mittelgrob und grob,** außerdem vorgebrüht und frisch zu kaufen, in unzähligen Würzvariationen. Die industriell hergestellten, vorgebrühten feinen Bratwürste überwiegen im Handel. Inzwischen gibt es unzählige Varianten zu kaufen. Wie Sie ganz einfach leckere Wurstkreationen selber herstellen können, zeigen wir Ihnen ab Seite 174. Würste erfreuen sich weltweit großer Beliebtheit: Aus Italien stammt die Salsiccia mit Fenchel, aus Nordafrika die scharf gewürzte Merguez aus Lamm und Rindfleisch und in Spanien und Südamerika liebt man die Chorizo.

### FLEISCHSPIESSE

**Spieße sind abwechslungsreich.** Reine Fleischspieße mit Entrecôte und Chorizowurst, Schweine- oder Hühnerfilets, die nach dem Grillen in Curryketchup und Cornflakes gewendet werden, passen immer und können auch als Fingerfood serviert werden. Vorsicht bei gemischten Spießen mit Fleisch und Gemüse: Hier müssen die Garzeiten zueinander passen, sonst ist das Fleisch noch roh, wenn das Gemüse schon verkohlt ist.

### FISCH

**Die meisten Fische lassen sich ganz einfach im Ganzen zubereiten.** Ausgenommen und leicht gewürzt mit dem offenen Bauch auf eine halbe Kartoffel oder Zitrone gesetzt, verhindert man das Anbacken der Haut am heißen Rost. Alternativen dazu gibt es auch, wir zeigen Sie auf Seite 39. Anspruchsvoll sind Filets vom Thunfisch – man grillt sie direkt über der Glut von beiden Seiten an und lässt sie dann neben der Glut fertig garen. Sie sollten innen noch glasig sein, sonst sind sie trocken und verlieren ihren Geschmack. **Achten Sie beim Einkauf unbedingt auf das MSC-Siegel!**

### SCHWEINEFILET

**Das Filet ist ein sehr mageres Stück vom Schwein.** Es eignet sich sehr gut, um daraus Medaillons zu schneiden, die vor dem Grillen nicht mariniert, sondern nur leicht gesalzen und gepfeffert werden sollten. So wird ihr feiner Eigengeschmack nicht überdeckt. Sie werden immer nur kurz direkt angegrillt und anschließend indirekt fertig gegart. Filets lassen sich auch sehr gut füllen, z. B. mit Pflaumen und Aprikosen.

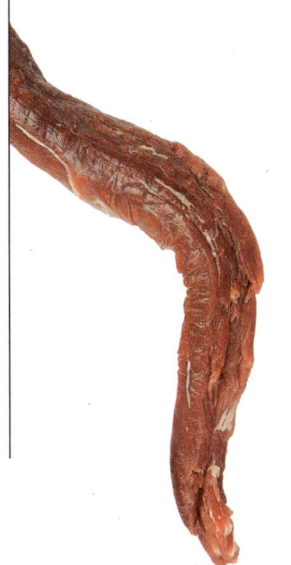

### NACKENSTEAKS

**Der Schweinenacken ist ein sehr stark durchwachsenenes** Fleischstück, hat also einen recht hohen Fettanteil, der es beim Grillen vor dem Austrocknen schützt. Grillt man die Steaks erst indirekt und zum Ende hin kurz direkt, verringert sich die Gefahr von Stichflammen durch tropfendes Fett. Schweinenacken kommt auch in Deutschland immer öfter im Ganzen auf den Grill, dann braucht er allerdings bis zu 20 Stunden im heißen Rauch eines Smokers – eine echte BBQ-Delikatesse für Leute mit Zeit und dem richtigen Equipment.

### BAUCH

**Bauchscheiben sind der fettreichste Klassiker vom Schwein.** Auf dem Grill wird das Fleisch herrlich knusprig und entwickelt einen sehr intensiven Geschmack, den man schon mit etwas grob gemahlenem Pfeffer und Salz hervorheben kann. Neben den einfachen Scheiben aus dem Schweinebauch sind in Deutschland Grillfackeln sehr beliebt. Dafür wickeln Sie einfach dünn aufgeschnittene Bauchscheiben um einen Spieß, marinieren sie mit Gewürzen nach Wunsch und grillen sie kurz direkt. Ein hervorragender, wenn auch kalorienreicher Snack.

### STEAK

**Das klassische Steak kommt vom Rind**, die gängigsten Sorten sind Filet, Entrecôte, Huftsteak (auch: Hüftsteak), Rumpsteak, Rib Eye und T-Bone-Steak. Sie alle haben eines gemeinsam: Nur, wenn sie lange genug abgehangen sind, werden sie auch richtig lecker (siehe S. 19). Für mehr Geschmack sorgen außerdem Fettmarmorierungen (siehe S. 27).

Rindfleisch ist nicht billig, schon allein deshalb sollte man es mit Bedacht zubereiten. Wie Sie ein Steak perfekt grillen, erfahren Sie ab Seite 134.

### BURGER

**Nie schmeckt ein Burger besser, als wenn er frisch vom Grill kommt** – und selbst gemacht ist. Ein echter Burger besteht ausschließlich aus grob entsehntem, nicht allzu magerem Rindfleisch und Gewürzen. Andere Zutaten wie z. B. Semmelbrösel würden ihn zur Frikadelle machen.

Es gibt zwar auch fertige Burgerpattys zu kaufen, aber dann kann man auch gleich in den Fast-Food-Laden gehen. Wie man perfekte selbst gemachte Burger hinbekommt, zeigen wir Ihnen ab Seite 200.

### GEMÜSESPIESSE

**Wer kein Fleisch mag, muss sich** beim Grillen zum Glück schon lange nicht mehr nur an Brot und Salaten satt essen. Gemüse passt hervorragend auf den Grill, vor allem am Spieß. Kombinieren Sie unterschiedliche Sorten nach Lust und Laune (und passenden Garzeiten), stecken Sie zwischendurch auch mal Halloumi-Würfel auf den Spieß und verfeinern das Ganze mit guten Ölen und ausgewählten Gewürzen (siehe S. 54–57).

Aber Vorsicht: Ist es zu heiß, verbrennt die Marinade schnell und verdirbt den Geschmack!

### CHICKEN WINGS UND DRUMS

**Der ganze Hühnerflügel besteht aus** Oberarm, Elle, Speiche und Flügelspitze mit Haut und anhaftendem Muskelfleisch. Die Wings sollten ohne die Flügelspitze gegrillt werden, da sie sehr trocken wird. Perfekt zubereitete Wings stellen wir ab Seite 90 vor.

An den Keulen (Drums) ist deutlich mehr Fleisch. Manchmal kann man sie auch mit Rückenstück kaufen. Schön kross wird Geflügelhaut, wenn die Garraumtemperatur des geschlossenen Grills kurz vor Ende auf rund 250 °C erhöht wird. Alternativ dazu können Sie die Keulen auch zum Schluss kurz direkt grillen.

### RIBS

**Sie gehören zur absoluten Königsklasse,** ohne ein wenig Erfahrung und einem Grill, auf dem man indirekt Garen kann, kommt man bei ihnen nicht weit. Am verbreitetsten sind Spare Ribs, die sehr saftig, mitunter aber auch recht knorpelig sind. Loin Ribs (Kotelettrippen) bilden das obere Rippenbogenviertel des Schweins – Höchstqualität für Rippen vom Grill.

Goldbraun glasiert und herrlich knusprig werden die Ribs nur mit einer Menge Geduld (siehe dazu auch S. 31).

### BANANEN

**Bananen sind ein herrliches Grilldessert.** Sie zählen zu den klimakterischen Früchten, reifen also nach der Ernte noch weiter. Man grillt sie mit Schale, möglichst indirekt, aber direkt geht notfalls auch.

Fertig sind sie, wenn die Schale schwarz ist. Dann einfach vom Grill nehmen und mit zwei Gabeln vorsichtig längs aufklappen. So entsteht eine Mulde, in der sich eine Kugel Eis oder ein Klecks Pudding sehr gut machen.

# GANZ FRISCH?

**FEUCHT UND LEUCHTEND ROT** ist eigentlich nicht das, was man will. Weiß heute nur kaum jemand…

Frischfleisch auf dem Grill wird sehr **SCHNELL TROCKEN**, weil viel Flüssigkeit austritt.

Abgepacktes Fleisch vom Discounter trägt häufig das Label „Unter **SCHUTZATMOSPHÄRE** verpackt". Dahinter verbirgt sich ein Gemisch aus Sauerstoff und Kohlendioxid. Das Fleisch ist rosa und wirkt frisch, obwohl das gar nicht der Fall sein muss.

## ACHTUNG!

Hackfleisch sollte innerhalb von 24 Stunden nach dem Einkauf verarbeitet werden. Und auch bei anderem Fleisch gilt: Abhängen braucht kontrollierte Temperaturen und Erfahrung. Versuchen Sie es nicht selbst.

**KEIN FLEISCH AUS DER** Discounterplastikschale, logisch. Weiß ja jeder. Aber der sapschige Rindfleischsack aus Argentinien und schön leuchtend rotes Fleisch aus der Theke sind okay? Nicht ganz, finden wir. Denn mit dem Aroma von gut abgehangenem Rind- oder Lammfleisch kann schnell verzehrfertig gemachtes Fleisch oder die Reife im (angeblichen) Vakuumbeutel nicht mithalten.

# ABGEHANGEN!

**GART SCHNELLER UND BLEIBT SAFTIG:** Beim Abhängen schwingen sich einige Fleischsorten zu neuen Geschmackshöhen auf.

Kein bisschen feucht und ein tiefes dunkles Rot: so sieht **TROCKENGEREIFTES FLEISCH** aus. Vor dem Grillen das Rindfleisch abwaschen, trocknen und mindestens 30 Minuten liegen lassen. Danach sollte nur ein leichter, nicht säuerlicher Geruch feststellbar sein.

| Die Lieblingssteaks der Profis | |
| --- | --- |
| T-Bone Steak | Das größte Steak, nicht überall erhältlich. Deutsche Metzger zerteilen Rinder anders als in den USA |
| Rib Eye oder Entrecôte | Das saftigste Steak. Symptomatisch: Fettauge in der Mitte |
| Rumpsteak | Das bekannteste Steak. Saftig durch Fettrücken, aus dem Roastbeef geschnitten |
| Chateaubriand | Das Zwei-Personen-Steak. Aus dem Mittelteil des Filets |
| Flank Steak | Das Geheimtipp-Steak. Flaches, preiswertes Steak aus dem Rinderlappen |
| Huftsteak | Das alternative Steak. Marmoriert, preiswerte Alternative zum Rumpsteak |
| Skirt Steak | Das Eigengeschmacks-Steak. Ein toller Geschmack zu günstigem Preis, bekannt auch als Entraña |

**ABGEHANGENES FLEISCH** ist mürber und bekömmlicher als schlachtfrisches. Nur unter optimalen hygienischen Bedingungen und bei konstanter Temperatur zwischen 1 und 3°C ist eine gute und verträgliche Reifung gewährleistet. Enzyme und Milchsäurebakterien sorgen während des „Dry-Agings" u. a. dafür, dass das Bindegewebe der Muskulatur quillt und gelockert wird.

# HERZENSWARM?

**UNGEKÜHLT UND UNDURCHDACHT** gelagert, lockt Grillfleisch schnell ungebetene, krank machende Gäste an.

Salmonellen treten vor allem bei Eiern und **GEFLÜGEL** auf und sind auch außerhalb des Körpers wochenlang lebensfähig.

**SAUBER BLEIBEN!**
Achten Sie beim Auftauen von Tiefkühlgeflügel unbedingt darauf, dass das Tauwasser nicht mit dem Fleisch in Berührung kommt.

**SALMONELLEN UND ANDERE BAKTERIEN** verbreiten sich sehr schnell, vor allem beim Grillen, wenn Lebensmittel unter Umständen eine ganze Weile in der Sonne liegen, bevor sie auf den Rost kommen. Gerade Fleisch – besonders Geflügel und Gehacktes – ist anfällig für Keime, die herbe Magen-Darm-Infekte und andere Krankheiten verursachen können.

# KÜHL UND VERSCHLOSSEN!

**COOL BLEIBEN.** Dann haben Salmonellen und Co. keine Chance.

Temperaturen von **UNTER 6 °C** verlangsamen die Vermehrung von Salmonellen wesentlich.

Erst kalt, dann heiß: Bei einer Kerntemperatur von 60 °C im **FLEISCH** sterben Salmonellen innerhalb einer halben Stunde ab, bei 70 °C innerhalb von 2 Minuten.

Neben guter Kühlung trägt aktive und passive **HYGIENE** (Einmalhandschuhe, Küchendesinfektionsmittel) zur Infektionsvermeidung bei.

**DIE WICHTIGSTE MASSNAHME** gegen Keime ist eine ununterbrochene Kühlkette. Nehmen Sie eine Kühltasche mit zum Metzger oder in den Supermarkt. Zu Hause die Ware direkt in den Kühlschrank verfrachten, Fleisch am besten ausgebreitet, auf Tabletts oder Tellern – je größer die Oberfläche, desto besser klappt's mit der Kühlung. Übereinandergepacktes Fleisch kühlt langsamer!

# FALSCH UND FERTIG?

**WENIGER ARBEIT – MEHR UNSICHERHEIT.** Was alles in und unter der fertigen Marinade steckt, will man gar nicht wissen.

Durch die dicke Marinadeschicht ist die Qualität und Konsistenz des Fleisches **NICHT ERKENNBAR** – und teurer wird es dadurch meist auch noch.

**BESSER NICHT!**
Fertigmarinade enthält sehr oft zu viel Öl, Emulgatoren, Stärke, Stabilisatoren, Aromastoffe, Geschmacksverstärker, färbende Stoffe oder Säuerungsmittel. Wollen Sie das wirklich essen?

**UNTER EINER DICKEN SCHICHT MARINADE** lässt sich minderwertige Fleischqualität gut verstecken. Der Eigengeschmack des Fleisches geht in der Pampe verloren, dicke Tropfen fallen beim Direkt- grillen in die Glut und sorgen für ungesunden Rauch und Stichflammen. Die werden dann sport- lich mit Bier gelöscht. Und das Reinigen des Grill- rosts hinterher wird so zur ekligen Angelegenheit.

# FIX UND FRISCH!

**WER SELBST MARINIERT**, behält bei überschaubarem Aufwand die volle Kontrolle und kann Geschmacksexperimente starten.

Probieren vor dem Marinieren: Was Ihnen auf dem Finger schmeckt, schmeckt auch auf dem Fleisch. Beim Selbstmarinieren können **VIELE ZUTATEN** miteinander kombiniert werden. Der Fantasie sind dabei keine Grenzen gesetzt.

BILLIGER +BESSER

REZEPTE S. 25

**SAUBER BLEIBEN!**
Wenn das Fleisch vor Marinade trieft, vor dem Grillen mit einem Stück Küchenkrepp abtupfen.

**EINE HÄUFIGE BASIS** für Marinaden sind Öl und Ketchup. Damit lassen sich scharfe, süße und fruchtige Komponenten kombinieren, wie z. B. Chilisauce, Marmelade, Fruchtsaft, Honig, Ahornsirup und natürlich Knoblauch und Gewürze aller Art. Auch Bier und kleine Mengen Spirituosen können eine Marinade wunderbar ergänzen. Mutig mischen ist angesagt!

FISCHKRÄUTER

ROTWEIN

KRÄUTER-ORANGE

REAL STUFF

BALSAMICO

INDIAN CHICKEN

LAMM-MARINADE

SOUTH-SIDE-DREAM

KAY YANG

# DIE BESTEN MARINADEN*

Diese sauren Marinaden vor dem Grillen abwaschen:

## BALSAMICO

**für Fleisch und Fisch**
2 EL weißer Balsamico
4 EL Pflanzenöl
1 TL Knoblauchpulver
1 TL Oregano
1 TL Thymian
½ TL weißer Pfeffer
2 TL frische Minze

## ROTWEIN

**für Fleisch**
6 EL trockener Rotwein
6 EL Pflanzenöl
2 EL Tomatenketchup
3 Wacholderbeeren,
zerquetscht
1 TL Knoblauchpulver
1 Lorbeerblatt
1 TL Kräuter d. Provence

## SOUTH-SIDE-DREAM

**für Rippchen**
300 ml Guinness
Stout Beer
1 TL Knoblauch
2 TL Worcester-Sauce
1 TL Paprika
1 TL weißer Pfeffer
1 TL Basilikum
½ TL Chilipulver

Zum Marinieren die
Ribs in Alufolie wickeln.

## KRÄUTER-ORANGE

**für Fleisch**
6 EL Orangensaft
6 EL Pflanzenöl
2 EL glatte Petersilie
1 TL Thymian
1 TL Rosmarin
1 EL Schnittlauch
1 EL Bärlauch
½ Schalotte,
fein gehackt
1 EL gemahlene Koriandersamen

## INDIAN CHICKEN

**für Hähnchen**
500 ml Buttermilch
2 EL Sweet Chili Sauce
½ TL gemahlene Koriandersamen
¼ TL Kreuzkümmel
optional Chilipulver

Öl-Marinaden
bleiben beim
Grillen auf dem
Fleisch, überschüssige Marinade abtupfen.

## REAL STUFF

**für Rind**
100 ml Pflanzenöl
1 EL Ahornsirup
1 EL Aprikosenmarmelade
1 EL Dijonsenf
2 EL Bourbon Whiskey
½ TL schwarzer Pfeffer

## LAMM-MARINADE

100 ml Olivenöl
1 TL Cumin
2 TL Knoblauchpulver
1 EL Minze
½ TL Zitronenpfeffer
2 EL glatte Petersilie

## FISCHKRÄUTER

**für Fisch**
100 ml Olivenöl
1 TL Dill
1 TL Rosmarin
1 TL Majoran
1 TL Basilikum
½ TL Zitronenpfeffer

## KAY YANG

**für Huhn**
100 ml Sweet Chili
Sauce
100 ml Tomatenketchup
1 EL Sojasauce
1 TL Salz
1 TL gemahlene Koriandersamen
1 TL geriebener Ingwer

* Alle Rezepte für 1 kg Fleisch oder Fisch.

# MAGER?

**FETT SPAREN, SCHÖN UND GUT.** Auf dem Grill rächt es sich, wenn man auf sichtbares Fett verzichtet, das wichtig ist.

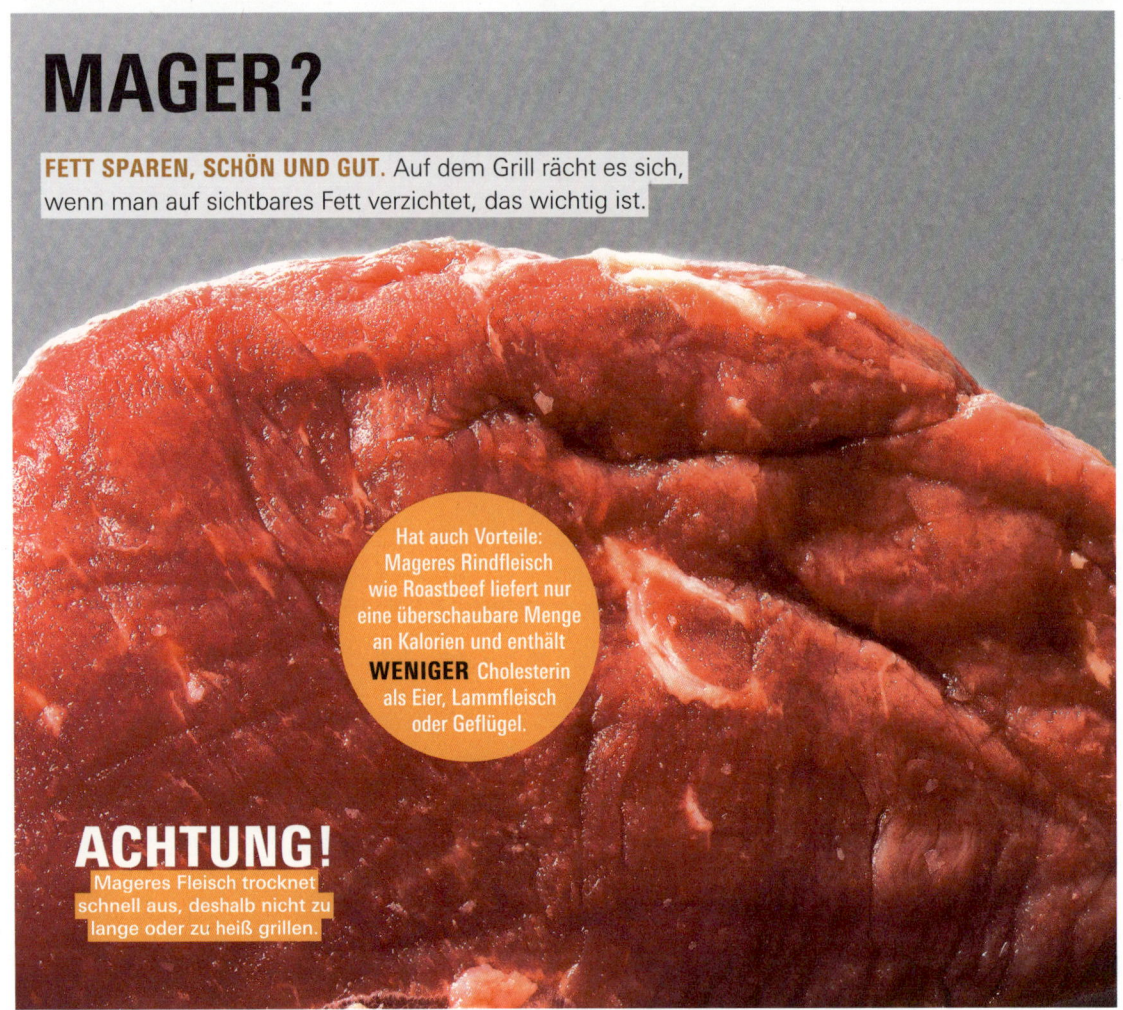

Hat auch Vorteile: Mageres Rindfleisch wie Roastbeef liefert nur eine überschaubare Menge an Kalorien und enthält **WENIGER** Cholesterin als Eier, Lammfleisch oder Geflügel.

## ACHTUNG!
Mageres Fleisch trocknet schnell aus, deshalb nicht zu lange oder zu heiß grillen.

**SO WOLLEN ES VIELE:** Günstig, immer verfügbar und schön mager. So ist unser Fleisch heute. Leider übersieht man dabei, dass mit der Fettmarmorierung ein maßgeblicher Geschmacksträger aus dem Fleisch herausgezüchtet wurde. Der Verzicht auf die vermeintlich überflüssigen Kalorien sorgt für ein Stück Fleisch, das besonders auf dem Grill trockener und weniger aromatisch ist.

# MARMORIERT!

**ZART UND SAFTIG** dank natürlichem
Geschmacksverstärker Fettmarmorierung.

So ein Stück Fleisch können Sie direkt auf den Grill legen. Marinade und eingeölter Rost sind dabei nicht **MEHR** nötig: Die intramuskulären Fetteinschlüsse im Rindfleisch sorgen für Geschmack und Saftigkeit!

**BESSER NICHT**
Bei vakuumverpacktem Fleisch ist die Marmorierung nicht immer zu erkennen.

**DIE MARMORIERUNG** lässt das Fleisch beim Grillen herrlich zart und saftiger als ein mageres Stück werden. Größe und Menge der intramuskulären Fetteinschlüsse hängen von Rasse, Mästungsgrad und Alter des Tieres ab. Nur zur Fleischerzeugung gezüchtete Rinder haben stärker marmoriertes Fleisch. Färsen- und Ochsenfleisch enthält mehr Fettdepots als das eher magere Jungbullenfleisch.

# KOBE?

**WAGYU-RINDER AUS KOBE** liefern das angeblich beste Fleisch der Welt. Leider aber auch eines der teuersten.

Wagyu-Rinder werden inzwischen auch **AUSSERHALB JAPANS** gezüchtet. Das macht die Sache aber kaum günstiger. In Deutschland zahlen Sie zwischen 80 und 200 Euro pro Kilo.

Ein Kilogramm echtes Kobe-Rind kostet zwischen 450 und **600 EURO.** Ob das gerechtfertigt ist, muss jeder für sich selbst entscheiden.

## ACHTUNG!

Etikettenschwindel möglich: Rindfleisch, das nicht aus der Region Kobe stammt, wird trotzdem als Kobe verkauft – bei Kilopreisen von unter 100 Euro handelt es sich möglicherweise um so eine „Produktpiraterie".

**DAS GEHEIMNIS, DAS KOBE-FLEISCH** so zart und delikat werden lässt, beruht angeblich auf klassischer Musik, Bier und Massagen. Tatsächlich sind es eher die genetischen Anlagen der Wagyu-Rinder und spezielle Züchtungen. Strenge Überwachung des Exports von Rindern, Spermien und Embryonen aus Japan machen Kobe zu einer bei Gourmets beliebten und teuren Delikatesse.

# KRONE!

**KÖNIGLICH IST BEI KRONFLEISCH,** dem Zwerchfell des Rinds, nicht nur der Name, sondern auch der Geschmack.

Englisch:
**SKIRT STEAK**
(„Saumfleisch"),
Französisch: Onglet,
Argentinisch:
Entraña.

Lassen Sie das **KRONFLEISCH** nach dem Grillen etwa 10 Minuten ruhen und schneiden Sie dieses eher grobfaserige Stück immer quer zur Fleischfaser auf (S. 198). Längs geschnittenes Fleisch bildet lange Fasern, die kaum zerkaut werden können.

**PROFI-TIPP**
Schmeckt toll als Fajita: Einfach mit Chilistreifen in eine Tortilla einrollen.

**WAS DER HEIMISCHE METZGER MEIST** zu Wurst verarbeitet, ist in Argentinien eine echte Grill-spezialität: Ein ungemein saftiges, aromatisches Fleischstück, das sehr heiß direkt gegrillt werden sollte. Je nach Größe 2 bis 4 Minuten auf der einen und 1½ bis 2½ Minuten auf der anderen Seite. Zum Würzen reicht grobes Meersalz, für den Rest sorgt der sagenhafte Eigengeschmack.

# SUPPENRIPPCHEN?

**RIPPEN VORKOCHEN, UM ZEIT ZU SPAREN?** Ein oft gelesener Tipp, mit dem man aus einem Grillklassiker lasches Suppenfleisch macht.

> Beim Kochen geht der Fleisch-geschmack sprichwört-lich baden, und auch die **KONSISTENZ** des Fleisches lässt zu wünschen übrig.

> Unbedingt immer vor dem Grillen die dün-ne **SILBERHAUT** an der Unterseite der Rippchen ab-ziehen. Sonst ziehen Rauch-aromen schlecht ein und die Rippchen essen sich auch schlecht.

## BESSER NICHT!

Passen Sie auf, dass Ihnen der Metzger keine Bauch-rippchen andreht. Was Sie wollen, sind Loin- oder Kotelettrippchen, die sind einfacher zu grillen!

**ES KLINGT CLEVER** und zeitsparend: Die Rippen, die sonst auf dem Grill immer sehr lange brauchen, in kochendem Wasser, am besten sogar in einem Schnellkochtopf, vorgaren, so dass sie später auf dem Rost direkt gegrillt werden können und blitz-schnell fertig sind. Mag sein – nur saugt das Koch-wasser leider auch den Geschmack aus dem Fleisch und lässt es wässrig und zäh werden.

# ECHTE BBQ-RIBS!

**RICHTIG GUTE SPARE RIBS** gehören zur absoluten Königskategorie des Grillens – wir zeigen zwei Methoden, wie es klappt…

**Was fürs Auge**

Rippchen ohne Folie gegart sind etwas schwieriger, haben dafür aber eine **TOLLE KRUSTE** und mehr Raucharoma!

Sprühen Sie die Ribs öfters mit Apfelsaft ein, das hält sie feucht und gibt tollen **GESCHMACK** und dank des karamellisierenden Zuckers aus den Äpfeln eine goldene Kruste.

## QUICK 'N' DIRTY

Quasi idiotensicher: Grillen Sie die Ribs ein paar Minuten indirekt an, verpacken sie dann in Alufolie und dünsten sie im eigenen Saft. So werden Sie schneller gar und zart, behalten aber ihr volles Aroma.

**ES IST SO EINFACH!** In einem geschlossenen Grill indirekt gegrillte Spare Ribs brauchen zwar etwas länger, dafür aber auch kaum Aufmerksamkeit des Grillmeisters. Einfach bei circa 150 °C je nach Größe 2 bis 4 Stunden auf dem Grill lassen. Etwa 10 Minuten vor dem Ende der Garzeit mit einer BBQ-Sauce nach Geschmack glasieren. Goldig braun glasiert mit leichtem Raucharoma – ein Traum!

# INDUSTRIELL?

**FIX UND FERTIG GEKAUFTE** Bratwürste – unterschiedlich und doch immer das Gleiche.

**PROFI-TIPP**
Selbst gemachte Grillwurst ist gar nicht so aufwendig – macht aber mächtig Eindruck (siehe ab S. 174)!

Fast 3 kg Bratwurst gönnt sich jeder Deutsche im Jahr – etwa die Hälfte davon in der Grillsaison. Gerne wird **MINDERE QUALITÄT** und Ware nah am Verderb durch starke Gewürze kaschiert. Was wir 2010 beim letzten Bratwursttest gefunden haben, war teilweise recht unappetitlich.

**DIE INDUSTRIE** bietet uns verschiedenste Würste an: Thüringer, Fränkische, Krakauer, mit Käse, Pfeffer, Bärlauch oder anderen Gewürzen, aus Geflügel-, Rind- und Schweinefleisch. Diese „neuen" Geschmacksrichtungen basieren oft auf Aromastoffen. Aber wirklich neu oder individuell ist da nicht viel, alles hat man irgendwann schon einmal auf Grill und Teller gehabt.

# ORIGINELL!

**FÜLLEN UND UMHÜLLEN:** So wird aus einer profanen Bratwurst eine ganz neue Delikatesse.

Was fürs Auge

Die Bratwurst ist überall da **BELIEBT**, wo deutsche Auswanderer sich in den letzten zwei Jahrhunderten niedergelassen haben – z. B. in den USA. Dort nennt man sie übrigens auch „Bratwurst" oder kurz „Brat".

**VERSUCHEN SIE DOCH MAL FOLGENDES:** Wurst der Länge nach aufschlitzen und innen mit einer würzigen Sauce (Ajvar, Senf, Chutney …) bestreichen. Mit ein bis zwei Zutaten füllen (Käsewürfel, frisches oder eingelegtes Gemüse oder Obst …) und mit Bacon, Kochschinken oder Blätterteig umhüllen, dabei wenn nötig mit Zahnstochern fixieren. Indirekt grillen und genießen.

# HÖHLENBEWOHNER?

**FEUER, FLEISCH, FERTIG.** So war es früher mal. Ganz früher.

> Röstaromen sind lecker und gehören natürlich zum Grillen, **VERKOHLTES** Fleisch hat damit aber nichts zu tun. Im Gegenteil: es schmeckt bitter und enthält schädliche Stoffe.

> Vegetarier bereichern jedes Grillfest. Ihnen noch immer nur lasche **TOFUWÜRSTCHEN** anzubieten ist wirklich von gestern. Servieren Sie lieber ein paar originelle Gemüsegerichte vom Grill, Grillkäse und Ähnliches. So haben alle Gäste was davon.

**SAUBER BLEIBEN!**
Dichter Qualm ist nicht nur ungesund, er stört auch alle, die sich in der Nähe des Grills aufhalten.

**DAS GAREN ÜBER OFFENEM FEUER** gilt als die ursprünglichste Zubereitungsart für Lebensmittel. Bevor es Töpfe und Pfannen gab, war es so möglich, die Speisen nicht nur schmackhafter zu machen, sondern auch Keime abzutöten und die Haltbarkeit zu erhöhen. Das ist zwar besser, als rohes Fleisch zu essen – aber wir schlafen ja auch nicht mehr in Höhlen!

# MODERNER MENSCH!

**VIELFALT IST ANSTRENGEND,** macht aber mehr Spaß als Einfalt. Das gilt selbstverständlich auch beim Grillen.

Eins hat sich seit Urzeiten nicht geändert: Grillen macht **AM MEISTEN SPASS MIT FREUNDEN**. Ob sich jeder einbringt oder Sie alle überraschen. Vielfalt kommt immer gut an.

## PERFEKT

Röstaromen in Maßen und attraktive Brandings sorgen für Geschmack und Eindruck bei einer eigentlich gar nicht so ungesunden Zubereitungsart. Alle Nährstoffe bleiben erhalten.

**GEKONNTES GRILLEN** heißt, die Temperatur genau zu beobachten und zu steuern. Thermometer sind kein Chichi, und der Wunsch, einen zum indirekten Garen geeigneten Grill zu besitzen, ist kein Hinweis auf einen gestörten Testosteronspiegel. Erst indirektes Grillen statt offenem Feuer macht Gemüse, Obst und Meeresfrüchte vom Rost in vielen Variationen möglich.

# DER PERFEKTE FISCH!

**EIN FRISCH GEGRILLTER FISCH** ist immer ein Hochgenuss! Es müssen nur wenige Dinge beachtet werden, um zu einem perfekten Ergebnis zu gelangen. Hier zeigen wir, worauf es wirklich ankommt.

Drückt man einem frischen Fisch mit mäßigem Druck auf die Haut, federt die Stelle leicht in die ursprüngliche Form zurück. Bleibt nach der **DRUCKPROBE** eine Delle zurück, kaufen Sie den Fisch lieber nicht. Diese Probe lässt sich auch auf Filets anwenden – wenn der Händler Sie denn drücken lässt.

Frische Fische riechen nicht nach Fisch! Ein leichter **MEERGERUCH** ist normal, aber ein wirklicher Fischgeruch sollte nicht erkennbar sein. Ist sogar ein Ammoniakgeruch zu vernehmen, sollten Sie sich vielleicht doch lieber für ein schönes Steak vom Metzger entscheiden…

Das **AUGE** sollte nach außen gewölbt, feucht glänzend und klar sein. Je länger der Fisch gelagert war, desto trüber und eingefallener wird die Linse.

Die **KIEMEN** eines frischen Fisches sind dunkelrot und prall. Ist der Fang schon länger her, werden die Kiemen blasser und verkleben.

**FISCH BRAUCHT KEINEN SCHNICK-SCHNACK.** Ein paar Gewürze und frische Kräuter reichen für ein perfektes Ergebnis völlig aus. Und natürlich Frische! Bei ganzen Fischen lässt sich die Frische einfacher feststellen als bei Filets, sie halten sich nach dem Einkauf auch länger. In der Regel bekommen Sie beim Händler Fische, die bereits geschuppt, ausgenommen und der Länge nach aufgeschnitten sind.

**DIE MAKRELE HAT KEINE SCHUPPEN** und muss deshalb nur mit Wasser abgespült und trocken getupft werden. Andere Fischarten lassen sich mit einem Messer mit Wellenschliff schuppen.

**WENIG WÜRZEN:** Innen und außen gut salzen, ein paar Kräuter und etwas Knoblauch in die Bauchhöhle füllen. Die Haut mit Olivenöl bestreichen, damit der Fisch nicht am Rost klebt.

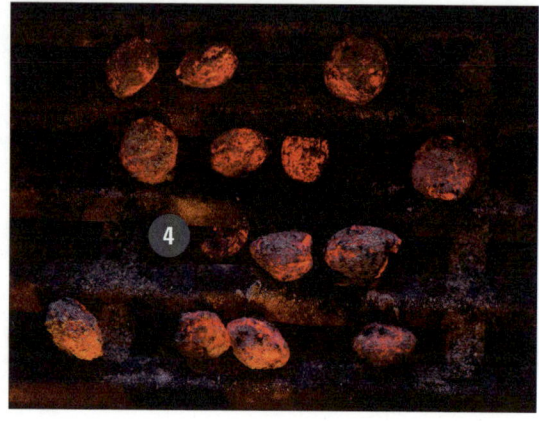

**AM BESTEN PASSEN ZU FISCH** frische, saisonale Kräuter. Das, was die Natur uns gerade bietet, ist die denkbar einfachste und leckerste Würzung für das zarte, saftige Fischfleisch.

**FISCHE BRAUCHEN NUR MODERATE HITZE!** Makrelen können direkt über der Glut gegrillt werden, wenn das Glutbett nicht allzu groß ist. Größere Fische lieber indirekt grillen.

**VORSICHT BEIM WENDEN,** Fisch ist sehr empfindlich. Einmal Wenden reicht aus. Ein Fischwender kann dabei gute Dienste leisten. Bei indirektem Grillen muss gar nicht gewendet werden.

**MIT EINEM FISCHKORB** können Fische sicher und ohne Zerfallen gegrillt werden. Vor dem Grillen den Korb gut einölen, damit der Fisch nicht beim Öffnen zerreißt.

**WÜRZIGE STÜTZE UND ALTERNATIVE** zum Korb: Setzen Sie den Fisch auf eine Zitronenspalte. So kippt er auf dem Rost nicht um, gart gleichmäßig durch und bekommt noch etwas Zitrusfrische ab.

**BEI EINER KERNTEMPERATUR** von 60 °C ist der Fisch gar. Weniger exakter Test ohne Einstichthermometer: Bei einem garen Fisch lässt sich die Rückenflosse leicht aus dem Fleisch ziehen.

# HALBER FISCH?

**FILETS SIND IM BACKOFEN** besser aufgehoben als auf dem Grill.

Fischfleisch leitet Wärme besser als Fleisch von Landlebewesen. Ihr Protein denaturiert auch schneller – dieser Prozess beginnt schon bei etwa 40 °C. Dann fängt auch der Wasserverlust an, der **FISCH WIRD TROCKEN** Das zusätzliche Problem bei Filets: die der meisten Fische sind sehr dünn, ohne die schützende Haut verflüchtigt sich das Wasser noch schneller.

Für die zusammengeklappten Makrelenfilets von unten brauchen Sie eine **SAFTIGE FÜLLUNG** (für 4 Makrelen): Ein Bund Petersilie, je 8 Blätter Minze und Basilikum, 1 Knoblauchzehe, 4 Anchovisfilets, 2 TL Kapern mit einem Messer zusammen fein hacken, bis eine Paste entstanden ist, mit 1 TL Senf, Zitronensaft und Olivenöl mischen.

**BESSER NICHT!**
Filets von mageren Fischen wie Seelachs werden noch trockener als die von anderen Fischen: Auf dem Grill ein absolutes No-go!

**FISCHFILETS SIND TEURER** als ganze Fische. Geschmacklich liegen sie vom Grill dagegen hinten. Lässt man sich was einfallen, kann man sie natürlich trotzdem gut grillen: Eine Makrele beim Filetieren (S. 45) am Schwanz zusammenlassen, die Mittelgräten V-förmig herausschneiden, mit der Paste von oben füllen, Filets wieder übereinanderlegen, zusammenbinden und dann in Alufolie grillen.

# GANZER FISCH!

**MAN MUSS KEIN PROFI SEIN,** um ganze Fische zu grillen.
Man wirkt aber wie einer, wenn man es tut.

**BILLIGER + BESSER**

Das ist drin: Proteine, Mineralien, Spurenelemente (vor allem Jod und Selen), Vitamine A, D und $B_{12}$, bei **FETTREICHEN FISCHEN** wie z. B. Lachs, Sardinen, Hering auch Omega-3-Fettsäuren.

Alufolie ist wichtiges Hilfsmittel beim Fischgrillen. Falls man Filets ohne Haut machen möchte, ist sie unverzichtbar (oder eine Grillpfanne oder Bananenblätter). Festere Filets kann man wie **GANZE FISCHE** auch direkt auf dem Rost grillen, wenn er denn gut geölt ist. Kurz vor Ende noch einmal wenden und von der anderen Seite grillen.

**PERFEKT!**
Ein ganzer Fisch benötigt im geschlossenen Grill meist nicht mehr als 20 bis 25 Minuten Garzeit.

**RAN AN DEN FISCH:** Mit etwas Übung ist ein ganzer Fisch nicht schwerer vorzubereiten als Fleischstücke – und mit den Fischresten lässt sich zusätzlich ein Fischfond zubereiten. Nicht nur, dass ganze Fische günstiger sind als Filets: Sie sorgen bei einer Grillparty auch für mehr Aufsehen und schmecken einfach saftiger und frischer als ihre bereits entgräteten halben Brüder.

# DIE BESTEN GRILL-FISCHE

Fisch hatte es lange schwer, sich auf dem Grill gegen Fleisch zu behaupten. Inzwischen kommen aber immer mehr Griller auf den Geschmack. Zwar ist die Auswahl in Deutschland nicht so groß wie am Mittelmeer, Sie können notfalls aber auch mal in die Tiefkühltruhe greifen. Dann sollte der Fisch schonend im Kühlschrank auftauen. Fisch kann auf jedem Direktgrill zubereitet werden. Er ist gar, wenn der Kern noch leicht glasig ist, etwa bei einer Kerntemperatur von 58 bis 60 °C. Mit Gewürzen sollten Sie sparsam sein, denn guter Fisch braucht nicht viel – vielleicht etwas Olivenöl, Salz und Pfeffer und nach dem Grillen einen Hauch Zitronensaft. Leider sind viele Fischbestände auch der hier genannten Arten heute überfischt und gefährdet. Nutzen Sie beim Fischkauf die kostenlose und regelmäßig aktualisierte WWF-Fischratgeber-App (iOS und Android) oder die WWF-Homepage. Auch Greenpeace bietet unter www.greenpeace.de Infos zum Fischkauf. Generell lässt sich sagen: Wildfisch sollte das Siegel des MSC tragen, Zuchtfisch aus einer Bio-Aquakultur stammen.

**1** **SCHOLLE** am besten aus der Ostsee. Wird auf der Hautseite gegrillt, passt zu Speck und Kartoffelsalat.

**2** **MAKRELE** schmeckt richtig gut nach Fisch und kann weitgehend bedenkenlos gekauft werden. Sie ist nicht nur gegrillt, sondern auch heiß geräuchert ein Genuss.

**3** **SAIBLING** ein sehr schmackhafter und feiner regionaler Fisch, der ein wenig an Lachsforelle erinnert.

**4** **LACHS** vielseitig und beliebt, am besten aus Irland, Norwegen, Schottland oder dem Ostpazifik (USA).

**5** **FORELLE** leicht erhältlich und einfach zubereitet, leider oft etwas belanglos im Geschmack. Am besten frisch aus ökologischer Aquakultur kaufen.

**6** **SARDINE** der perfekte kleine Fischsnack für zwischendurch, auf dem Grill fertig in 2 Minuten. Am besten aus dem Nordostatlantik.

# FORELLE?

## EHER MASSENPRODUKT ALS KULINARISCHES HIGHLIGHT.
Forellen aus normaler Aquakultur sind nichts für Genießer.

Die **LACHS-FORELLE** ist keine eigene Fischart, sondern wird aus anderen Forellenarten gezüchtet und ist größer und fetthaltiger als normale Forellen. Ihr Name leitet sich von der an Lachs erinnernden Fleischfärbung ab.

Es gibt auch Forellenarten, die **IM MEER** leben und eine Körperlänge von über einem Meter erreichen können. Preis pro Kilo: sauteuer!

**PROFI-TIPP**
Frisch geangelt sind die getupften Räuber ein echter Genuss – wer Angler kennt, ist also klar im Vorteil …

**DIE FORELLE KOMMT BEI UNS** zu fast 100 % aus Aquakulturen in den Handel. Dort wird sie im Schnelldurchlauf gemästet und zudem mit Medikamenten gesund gehalten. Aus ihrer einseitigen Ernährung in der Zucht resultiert der eher langweilige Geschmack. Ein echter Mainstream-Fisch, der auch vom Grill leider selten für Begeisterung sorgt, besser schmeckt er aus Öko-Aquakultur.

# MAKRELE!

**EIN TOLLER GRILLFISCH:** Günstiger als Forelle und – dank des hohen Fettgehalts – auch saftiger und leckerer.

**BILLIGER +BESSER**

### PROFI-TIPP
Grillen Sie den Fisch im Ganzen und legen Sie dazu frischen Rosmarin und Salbei in die Bauchhöhle.

Makrelen ratzfatz filetieren: Den Fisch mit einem Messer direkt hinter dem Kopf bis zur Mittelgräte einschneiden, das Messer flach auf der Mittelgräte **BIS ZUM SCHWANZ** entlangführen und dabei das Filet von der Gräte lösen. Den Fisch wenden und das zweite Filet auf die gleiche Weise auslösen. Gräten mit Pinzette aus dem Filets ziehen.

**300 % MEHR** Omega-3-Fettsäuren als eine gleich schwere Regenbogenforelle!

**SIE KOMMT ALS** Wildfang in den Handel und kann bedenkenlos verspeist werden – außer aus einigen Beständen im Nordostatlantik. Kennzeichen: zartes Fleisch und guter Geschmack, aber nur, wenn die Makrele richtig frisch ist. Am besten Portionsfische mit einem Gewicht von etwa 400 g nehmen. Kräftige Gegenaromen wie Rhabarber oder Preiselbeeren passen wunderbar dazu.

# GRILLEN IM FRÜHLING

**IM FRÜHLING STEIGEN NICHT NUR** wieder die Temperaturen, sondern auch die Auswahl an frischen Gemüsen und Kräutern wird größer. Aber auch Fisch und Fleisch gibt's saisonal.

Was fürs Auge

3 bis 4 geschälte Stangen mit Zahnstochern vorne und hinten zu einem **SPARGELFLOSS** zusammenstecken, mit Butter bepinseln und für ein paar Minuten ab auf den Rost.

Typische **FRÜHLINGS-GEMÜSE** wie Möhren, Blumenkohl und Frühkartoffeln machen sich gut auf jedem Grillspieß.

Knackige **BLATTSALATE** werden ab dem Frühling geerntet, ebenso wie Radieschen, grüne Bohnen, Erbsen und Gemüsezwiebeln.

Bärlauch, Petersilie, Schnittlauch und Basilikum sorgen für die richtige **FRÜHLINGS- WÜRZE**.

**IM FRÜHLING WIRD ES ZEIT** fürs Angrillen. Die Natur sorgt dafür, dass wir ordentlich Vielfalt auf den Teller bekommen. Jetzt hat Lammfleisch Saison: Am besten frisch beim Erzeuger gekauft, sind Lammrücken und -filets was Feines. Wer die Herausforderung sucht, kann auch mal ein ganzes Tier am Spieß grillen. Ab April ist Spargelzeit. Statt in fetter Hollandaise schmeckt er auch gegrillt. Auch viele Plattfische haben Saison, beispielsweise Scholle. Aus der Nordsee kann man sie bedenkenlos kaufen. Ihr Fleisch ist fettarm, eiweißreich, zart und saftig.

# GEMÜSE KANN MAN GRILLEN?

Auch wenn manch hartgesottener Griller es nur ungern zugibt: Außer Fleischbergen gibt es noch viel mehr Grillgenüsse – zum Beispiel Gemüse! Und zwar nicht nur das Stück Zwiebel oder Paprika zwischen den großen Fleischbrocken am Spieß: Gemüse macht sich gut auf Rost und Teller. Es kann Fleisch oder Fisch ergänzen oder auch ganz ersetzen. Gemüse auf dem Grill kann eine Komponente sein, eine Beilage oder eben

der Hauptdarsteller. Auf jeden Fall macht es Ihr Essen vielfältiger, wenn Sie die bunten Vitaminlieferanten bewusst in die Menüplanung einbeziehen.

### TECHNIK

Grundsätzlich lassen sich alle Gemüsesorten gut grillen (außer Erbsen, da sie immer durch den Rost fallen). Aber man muss wissen, wie man mit den unterschiedlichen

Sorten umgeht, um das Beste rauszuholen. Gemüse braucht etwas Aufmerksamkeit. Zwiebeln, Paprika und Zucchini vertragen beim Grillen deutlich höhere Temperaturen als Tomaten, Gurken oder Auberginen. Dennoch sollte bei Gemüse der gewünschte Gargrad grundsätzlich besser über die Grilldauer als über die Hitze erreicht werden. Legen Sie Gemüse nicht direkt über die Glut, denn so wird es trocken und lederig. Lieber bei niedrigen, indirekten Temperaturen etwas länger garen lassen, am besten in einem geschlossenen Grill. Der darin herrschende Umlufteffekt sorgt für einen gleichmäßigeren Garprozess und erspart Ihnen das Wenden.

## VARIANTE 1: GEMÜSE ALS KOMPONENTE

Klassische Fleischspieße lassen sich durch Gemüse schön variieren. Probieren Sie statt Zwiebeln auch mal Gewürzgurke oder Zucchini zum Rindfleisch, getrocknete Tomaten zu Garnelen oder Paprika zu Huhn oder Pute. Auch zum Füllen eines Schweinebratens eignet sich Gemüse hervorragend: Pürieren Sie dazu gehackte Tomaten, Zwiebeln, Parmesan, Schafskäse, Petersilie, Basilikum und Oregano zu einer würzigen Paste. Den Braten seitlich in der Mitte tief einschneiden, etwas aufklappen und die Paste in die Öffnung geben. Braten wieder zuklappen und mit Schnur, Holzspießen oder Bacon fixieren. Für 1 kg Braten brauchen Sie ca. 50 g Füllung.

## VARIANTE 2: GEMÜSE ALS BEILAGE

Etwas Platz findet sich auf jedem Grill. Und der lässt sich wunderbar für ausgehöhlte Tomaten nutzen, in die Sie ein kleines Zwiebelbett gelegt und dann Mozzarella gefüllt haben. Leicht angrillen, bis der Käse etwas weich wird und die Tomate noch nicht schrumpelt. Schmeckt perfekt zu jedem Fleisch oder auch einfach als Snack.

Auch toll sind Zucchinischeiben mit würzigem Frischkäse dazwischen und Bacon drumherum. Oder Sie servieren mit Schafskäse gefüllte Champignons und kleine Paprika. Oder versuchen Sie es mit dem Grillgemüseklassiker schlechthin, einem saftigen Maiskolben. Es gibt unendlich viele Möglichkeiten und Rezepte, die Gemüse alles andere als fade schmecken lassen. Und weniger Kalorien als Kartoffelsalat oder Weißbrot hat es sowieso.

## VARIANTE 3: GEMÜSE ALS HAUPTGERICHT

Gemüse eignet sich auch als Hauptgericht, sogar für Fleischfetischisten. Bereiten Sie sich eine leckere Hackfleischfüllung zu, für Vegetarier geht natürlich auch Tofu, füllen Sie damit gehäutete Paprikahälften und überbacken Sie das Ganze auf Ihrem Grill mit Parmesan. Als reines Gemüsehauptgericht probieren Sie unterschiedliche Gemüsekombinationen auf Spießen oder füllen Gemüse mit den verschiedensten Käsesorten. Variieren Sie bei Bedarf mit Bacon dazwischen oder drumherum. Benutzen und testen Sie unterschiedliche Gewürze, es gibt viel mehr als nur Salz und Pfeffer. Auch hier gilt: Probieren, probieren, probieren! Es ist nicht schlimm, wenn mal was schiefgeht, beim Rinderfilet täte das viel mehr weh. Trauen Sie sich, finden Sie Ihre individuellen Kompositionen und geben Sie dem Gemüse eine faire Chance und einen Platz auf Ihrem Grill. Gemüse muss vor dem Grillen nicht mariniert werden. Falls Sie marinieren, braucht das Gemüse aber ausreichend Zeit – gerne einen ganzen Tag.

## PROFI-TIPPS ZUM BESTEN GRILLGEMÜSE

Artischocken-Blätter sollten dicht aneinander aufliegen, frisch aussehen und sich dick, fleischig und ledrig anfühlen. Artischocken trocknen schnell aus, aber eingewickelt in ein feuchtes Küchentuch halten sie sich im Kühlschrank 4 bis 7 Tage.

Cherry-Tomaten sollten generell kühl gelagert werden, aber nicht im Kühlschrank. So sind sie etwa eine Woche haltbar. Wenn sie noch etwas grün sind, können sie in der Sonne ein wenig nachreifen.

Fenchel: Achten Sie beim Einkauf auf möglichst makellos weiße Knollen und frische grüne Blätter. Aufbewahrt wird er am besten in einem gut verschlossenen Plastikbeutel. Fenchel passt wunderbar zu Möhren, Frühlingszwiebeln und Tomaten. Übrigens kann er vor der Verwendung etwas mit dem Sparschäler geschält werden, dann ist er weniger holzig.

Kartoffeln dunkel, kühl und luftig lagern, fern von anderen Gerüchen. Speisefrühkartoffeln sind toll, bei ihnen kann man die Schale mitessen, wenn man sie vorher gründlich geschrubbt hat. Immer frisch verbrauchen und nicht auf Vorrat kaufen.

Mais ist vom Markt oder aus dem Laden (Gemüse- oder Zuckermais) in der Regel deutlich süßer und schmackhafter als Feldmais. Bei zu langer Lagerung verlieren die Kolben ihre Süße. Im Gemüsefach des Kühlschranks etwa 2 bis 3 Tage haltbar.

Romanasalat-Köpfe sollten beim Kauf nicht zu weit geöffnet sein, im Kühlschrank sind sie in einer offenen Tüte etwa eine Woche haltbar. Die Blätter lassen sich gut füllen, z. B. mit Hack, Käse und Zwiebeln.

Zucchini: Kaufen Sie möglichst kleinere mit zarter, dunkelgrüner Schale, die schmecken nach mehr. Nicht schälen, unter der Schale sitzt das meiste Aroma! Deshalb nur den Stielansatz und braune Flecken entfernen und die Zucchini gründlich waschen. Im Kühlschrank etwa 8 Tage haltbar.

Zwiebeln müssen prall und trocken sein. Luftig, kühl und trocken aufbewahren, z. B. in Netzen, niemals in Plastikbeuteln. Immer erst direkt vor dem Gebrauch schneiden, damit sie nicht braun werden.

Rote Bete haben enorm viel Vitamin B, Mineralstoffe und pflanzliches Eiweiß. Passt gut zu Dill, Schnittlauch, Pfeffer, Zwiebeln, Lorbeer und Kümmel. Probieren Sie sie mal mit frisch geriebenem Meerrettich.

# HITLISTE

Diese Gemüsesorten lassen sich schnell und einfach auf jedem Grill zubereiten.

## ARTISCHOCKEN

Gefüllt oder als aufgeschnittene Hälfte indirekt grillen.

## CHERRY-TOMATEN

Einzeln oder in der Rispe direkt grillen. Vorher mit Öl bepinseln.

## FENCHEL

In Scheiben indirekt grillen, kräftig mit Salz und Pfeffer würzen.

## KARTOFFELN

In Scheiben oder als Ganzes, halb vorgekocht, indirekt grillen. Immer einölen.

## MAIS

Ganze Kolben direkt auf dem heißen Rost grillen.

## ROMANASALAT

Köpfe halbieren, leicht einölen, direkt und kurz auf dem heißen Rost grillen.

## ZUCCHINI

Der Länge nach halbieren, indirekt grillen oder als Stück direkt auf dem Spieß.

## ZWIEBELN

Kleine Zwiebeln direkt grillen, größere eignen sich gut zum Füllen.

## ROTE BEETE

In Scheiben direkt grillen und kräftig würzen.

# MAISKOLBEN?

**IMMER NUR KOLBEN KNABBERN?** Mais gehört zu den Grillklassikern, die man zumindest zeitweise in Rente schicken sollte.

> Mais marinieren bringt nicht so viel. Nach dem Grillen **MIT BUTTER** und Kräutern verfeinern bringt den Geschmack.

> Zum Grillen verwendet man **ZUCKERMAIS.** Was meist direkt neben der Straße steht, ist Futtermais und der schmeckt uns nicht gut. Klauen lohnt also nicht.

> Nicht so schlau: Bestreicht man die Kolben vor dem Grillen mit Butter, tropft die vom Rost in die Glut – oder **VERBRENNT** direkt am Mais.

**FÜR VIELE GRILLER SIND DICK MIT BUTTER** bestrichene Maiskolben noch immer das einzig akzeptable Grillgemüse. Aber mal ehrlich: Viel Abwechslung bietet der amerikanische Beilagenklassiker nicht. Klar, man kann ihn nach dem Grillen mit Kräuterbutter verfeinern. Dann hat man schon mal Gemüse. Jetzt fehlt nur noch die Abwechslung.

# PAPRIKASCHOTEN!

**DIE FARBENFROHEN VITAMINBOMBEN** sorgen für ordentlich Abwechslung auf dem Grill.

Mehr Infos zu den **SCHARFEN SCHOTEN**, die manchmal auch ganz mild sind, gibt's auf Seite 211.

## PROFI-TIPP
Rote Paprika in Rezepten sollte man nicht durch grüne ersetzen – die ist bitterer.

Beim direkten Grillen wird die Haut schwarz und löst sich vom Fruchtfleisch. Sieht gefährlich aus, ist aber **PRAKTISCH** und das Fruchtfleisch bekommt durch das Verbrennen der Schale ein leckeres rauchiges Aroma.

**PAPRIKA GEHÖRT** zu den beliebtesten und vitaminreichsten Grillgemüsen – und zu den vielseitigsten: Ob pur gegrillte Pimiento (Bratpeperoni), gefüllte Jalapeños (z. B. Atomic Buffalo Turds – Chilischoten mit Käse und Bacon), die milden Vitapeps oder direkt gegrillte rote, gelbe oder grüne Paprika – mit gegrillten Auberginen, Pilzen, Zucchini und Tomaten ideal für einen Antipasti-Teller.

# DER PERFEKTE GEMÜSESPIESS

**OFTMALS BELÄCHELT ODER** ganz weggelassen, fristet Gemüse bei vielen Grillern ein Schattendasein – dabei kann es das Highlight des Menüs werden!

**DER PERFEKTE SPIESS** fängt natürlich mit den Zutaten an. Kaufen Sie auf dem Markt oder in einem gut sortierten Supermarkt frische, möglichst unbehandelte Ware. Seien Sie bei der Auswahl kreativ!

**BESONDERS FÜR EINEN** Spieß geeignet sind Paprika, Pilze, Auberginen, Zucchini, Zwiebeln, Tomaten, Kartoffeln, Maiskolbenscheiben, Blumenkohl, Brokkoli und Möhren.

**ACHTEN SIE BEIM SCHNEIDEN** darauf, dass die Stücke etwa gleich groß sind. So garen sie gleichmäßig. Einige Sorten wie Zucchini und Aubergine lassen sich sehr gut in Scheiben schneiden.

**GEMÜSE MIT LÄNGERER GARZEIT,** wie Brokkoli, Blumenkohl oder Möhren, und größere Stücke sollten Sie vorab kurz in kochendem Wasser blanchieren, damit auf dem Grill alles gleichmäßig gart.

**HOLZSPIESSE SOLLTEN** Sie in Wasser einweichen, damit sie auf dem Grill nicht verbrennen. Nehmen Sie lieber flache breite Spieße als die runden, so kann sich das Grillgut nicht auf dem Spieß drehen.

**VIELE GEMÜSESORTEN** eignen sich auch zum Füllen oder Einrollen. Dafür Gemüsestreifen mit Käse, Hackfleisch oder anderem Gemüse belegen, rollen und mit einem Zahnstocher zusammenstecken.

**SPIESSEN SIE DIE ZUTATEN** vorsichtig mittig auf und achten Sie darauf; empfindliches Gemüse dabei nicht zu zerbrechen. An die Spießenden kommen etwas festere Sorten.

**KREATIVE MARINADEN:** Öl, Kräuter, Gewürze, Essig, Wein und alles, was die Küche sonst noch hergibt: Mischen Sie zusammen, was Ihnen einzeln schmeckt, kombiniert kann es kaum schlecht sein.

**GRILLEN SIE GEMÜSE** am besten ähnlich wie ein Steak: Erst scharf angrillen für die Röstaromen, dann indirekt mit geschlossenem Deckel bis zum gewünschten Gargrad weitergaren.

**ÜBRIG GEBLIEBENE MARINADE** eignet sich gut, um den Spieß auf dem Grill nachzuwürzen. Idealerweise mit einem selbst gebauten Marinadenpinsel aus ein paar Zweigen Rosmarin.

**PROFI-TIPP:** Nehmen Sie einen Streifen Alufolie und falten ihn doppelt. Dann legen Sie ihn so auf den Grill, dass er die Enden der Spieße vor dem Verbrennen schützt.

**JE NACH GRÖSSE** kann ein Gemüsespieß als Fingerfood vorweg, als Beilage oder sogar als Hauptgericht serviert werden. Als Grilldessert macht sich ein Spieß mit Ananas und Weintrauben sehr gut.

CHILIBUTTER

KRESSEBUTTER

ZITRONENBUTTER

BÄRLAUCHBUTTER

LIMETTENBUTTER

INGWERBUTTER

KRÄUTERBUTTER
KLASSISCH

KNOBLAUCH-
BUTTER

ORANGENBUTTER

KRÄUTERBUTTER
MIT SCHALOTTEN

# BUTTER MIT GESCHMACK

Für alle Rezepte:

Vor der Zubereitung sollte die Butter bei Zimmertemperatur **weich werden**. Kräuter vor der Zubereitung **hacken**, Gewürze **mörsern**, alle Zutaten gut **mischen**. Die fertige Butter kann für wenige Tage im Kühlschrank oder mehrere Wochen portionsweise im Gefrierschrank aufbewahrt werden.

## CHILIBUTTER

*250 g Butter*
*3 EL rote Chilischote*
*2 EL glatte Petersilie*
*1 EL Limettensaft*
*1 TL Paprikapulver*
*edelsüß*

## BÄRLAUCHBUTTER

*250 g Butter*
*1 TL Salz*
*½ TL Pfeffer*
*5 EL Bärlauch*
*2 EL glatte Petersilie*

## KRÄUTERBUTTER KLASSISCH

*250 g Butter*
*1 TL Salz*
*2 EL krause Petersilie*
*2 EL Schnittlauch*
*1 EL Thymian*
*1 EL Majoran*
*1 EL Rosmarin*

## KRESSEBUTTER

*250 g Butter*
*1 TL Salz*
*½ TL Cayennepfeffer*
*½ TL Limettensaft*
*1 Packung Kresse*
*(gezupft)*

## INGWERBUTTER

*250 g Butter*
*1 TL Salz*
*1 TL weißer Pfeffer*
*3 EL Ingwer*
*2 EL glatte Petersilie*

## KNOBLAUCH-BUTTER

*250 g Butter*
*1 TL Salz*
*½ TL weißer Pfeffer*
*6 Zehen gehackter*
*Knoblauch*
*2 EL Schnittlauch*

## ORANGENBUTTER

*250 g Butter*
*1 TL Salz*
*abgeriebene Schale*
*einer ungespritzten*
*Orange*
*1 Spritzer Whiskey*
*2 EL Orangensaft*

## ZITRONENBUTTER

*250 g Butter*
*1 EL Zitronensaft*
*1 TL Salz*
*2 EL roter Pfeffer*
*1 TL Fenchel*

## LIMETTENBUTTER

*250 g Butter*
*2 EL Limettensaft*
*1 TL Salz*
*1 TL weißer Pfeffer*

## KRÄUTERBUTTER MIT SCHALOTTEN

*150 g Butter*
*1 TL Salz*
*2 EL krause Petersilie*
*1 EL Schnittlauch*
*1 EL Basilikum*
*1 EL Thymian*
*2 EL gehackte Schalotten*

5 °C bis
35 °C

# HINSTELLEN,
# ANMACHEN,
# SAUBER BLEIBEN!

# VON NIX KOMMT NIX. DIE HARDWARE MUSS STIMMEN.

Klar, hohe Qualität beim Grillgut ist entscheidend für Spaß und Genuss beim Grillen. Aber natürlich steckt noch viel mehr dahinter: Stressfrei und erfolgreich grillt man nur mit Plan und dem richtigen Zubehör. Und genau darum geht's in diesem Kapitel: Wir schauen nicht auf das, was auf den Rost kommt, sondern auf das, was darunterliegt und glüht und auf alle Materialien, die Sie für ein gelungenes Barbecue brauchen – vom Grill selbst über Anzünder, Kohle und Equipment bis zum richtigen Outfit. Los geht's mit dem Wesentlichen: dem Grill. Es gibt inzwischen unzählige Grillgeräte auf

dem Markt. Das vergrößert nicht nur die Auswahl, sondern erschwert auch die Suche für jemanden, der sich (noch) nicht auskennt. Aber keine Sorge, es gibt ein paar simple Punkte, mit denen die Frage nach dem richtigen Grill für Sie ganz schnell geklärt ist:

## WO WOLLEN SIE GRILLEN?

Im Garten, auf dem Balkon, unterwegs in Parks und am Strand oder vielleicht sogar in der Wohnung? Außer Haus können fast alle Brennstoffe (Holz, Kohle, Gas) eingesetzt werden. Wenn Sie innen oder auf dem Balkon grillen wollen, bleibt, wegen der Rauch- und Abgasentwicklung, nur der Griff zum meist kraftlosen Elektrogrill.

## WIE HÄUFIG WOLLEN SIE GRILLEN?

Ein echter Grillfreak, der sich am liebsten schon das Frühstück auf dem Rost zubereitet (siehe Seiten 88 und 89), benötigt Grills, die langlebiger und vielseitiger sind als was im Baumarkt für ein paar Euro rumsteht. Sie sollten auf gute Roste, Standfestigkeit und Stabilität der Gesamtkonstruktion achten. Beim Material gibt es oft falsche Vorstellungen: Gäste bestaunen und loben vielleicht die schöne Optik von Edelstahlgrills, aber sie machen vor allem viel Ärger beim Putzen, sind teuer und sehen nach ein paar Mal grillen auch nicht mehr jungfräulich aus. Lackiertes oder – noch besser – emailliertes Stahlblech hält viel aus und ist optimal, auch wenn es nicht so schick aussieht. Wenn Sie auch mal schnell zwischendurch grillen wollen, bedenken Sie, dass Elektro-, Gas- und Holzpelletgrills ziemlich schnell betriebsbereit sind, die urigeren Holz- und Holzkohlegrills aber deutlich länger benötigen.

## WAS KOMMT BEI IHNEN AUF DEN ROST?

Mögen Sie es lieber einfach und gut, mit Würstchen, Steak und Spieß, oder wollen Sie auch mal mit großen Braten oder ungewöhnlichem Grillgut experimentieren? Für Würstchen reicht ein preiswerter Grill. Da Sie aber dieses Buch in der Hand halten, wollen Sie sicherlich mehr: Nehmen Sie auf jeden Fall ein geschlossenes Grillsystem. Es gibt sie als Pellet-, Holzkohle- und Gasgrills. Auf jeden Fall haben sie einen Deckel und ermöglichen so indirektes Grillen mit geringeren Temperaturen. Die heiße Luft zirkuliert unter dem Deckel wie in einem Backofen.

## SOLL'S SCHÖN RAUCHIG SEIN?

Wenn Sie nicht nur grillen, sondern auch räuchern (smoken) wollen, ist für Sie ein BBQ-Grill-Smoker oder ein Holzpelletgrill die erste Wahl. Denn nur durch die Verwendung von Holz entsteht der typische Rauchgeschmack. Gas- und „normale" Holzkohlegrills benötigen die Zugabe von Räuchermitteln (die es im Fachhandel in kleinen Päckchen zu kaufen gibt). Bei offenen Grillsystemen geht es fast gar nicht.

## PRIVAT ODER PARTY?

Grillen Sie regelmäßig für ganze Party-gesellschaften oder möchten Sie vor allem einen Grill für den einfachen Hausgebrauch? Das bestimmt die Größe der Grillfläche: Wenn Sie uns als Profigriller fragen, geht nichts über Grillfläche – außer noch mehr Grillfläche. Achten Sie bei den Rosten darauf, dass sie möglichst mehrteilig und klappbar sind, dann kommt man besser an die Glut. Optimal sind Edelstahlroste, nicht zu verwechseln mit den üblichen ver-chromten Rosten. Auch gusseiserne Roste sind gut.

## WAS IST IHR BUDGET?

Die Preisspanne bei Grillgeräten beginnt bei wenigen Euros und geht in die Tausen-de. Wer billig kauft, kauft zweimal – ein Sprichwort, das leider allzu oft stimmt. Des-halb überlegen Sie sich, wie viel Geld Sie für Ihren neuen Grill auszugeben bereit sind.

## NORMALE GRILLS SIND IHNEN ZU ÖDE?

Schauen Sie mal ins Internet oder in den Fachhandel: Da gibt es grüne Eier, japani-sche Hibachi-Grills, Water-Smoker und Keramikgrills. Alles eher für Fortgeschritte-ne, aber langweilig muss Ihnen als Griller garantiert nie werden. Es gibt zahlreiche Möglichkeiten, später aufzurüsten. Mit ei-nem Allrounder am Anfang (Kugelgrill oder BBQ-Grill-Smoker) ist man am besten be-raten.

Ein Tipp: Legen Sie eine Checkliste an, auf der Sie die Soll- und Wunschanforderungen gegeneinander gewichten. So können Sie eingrenzen, welche Grillgeräte infrage kom-men und welche nicht. Einen Überblick über die gängigsten Grilltypen finden Sie auf den S. 76 und 77, professionelle Bera-tung gibt es natürlich auch im Fachhandel.

Ähnlich unübersichtlich wie das Grill-Ange-bot ist die Masse und Vielfalt an Zubehör, die heutzutage im Handel ist. Vieles davon ist überflüssiges Zeug, aber es gibt natür-lich einige Basics, ohne die absolut nichts geht – egal ob Anfänger oder Profi (ab S. 82). Und dann gibt's da natürlich auch noch die netten kleinen Spielzeuge, die jedes Griller-herz höherschlagen lassen. Die schönsten und sinnvollsten haben wir auf den Seiten 108 und 109 für Sie zusammengestellt.

Beim Grillen sind die Details wichtig: Selbst auf einem richtig guten Grill gelingt Ihnen nichts, wenn Sie keine gute Glut hinbekom-men – und für die brauchen Sie das passen-de Brennmaterial, hochwertige Anzünder und natürlich die richtige Technik. Und selbst wenn Technik und Equipment stimmen, fehlt noch eins: Organisation. Sie ist gerade bei Grillpartys das A und O. Vertrauen Sie uns: Wer regelmäßig bei internationalen Grillwettbewerben besteht, weiß, was es alles zu beachten gilt. Nicht ganz unwichtig, aber oft unterschätzt: Hygiene …

# IMMER SAUBER BLEIBEN!

Wenn wir zu Hause mit Lebensmitteln hantieren, sind wir erstaunlich sorglos. Einfache Hygienestandards werden ignoriert und beim Grillen ist es oft noch schlimmer: Ohne Kühlung wird mit vielen verschiedenen Lebensmitteln stundenlang in der prallen Sonne gearbeitet.

## KÜHLEN

Gehen Sie nicht ohne Kühltasche zum Einkaufen, denn nur eine ununterbrochene Kühlkette garantiert einwandfreie Qualität – gerade bei tierischen Lebensmitteln wie Fleisch und Fisch.

## AUFBEWAHRUNG

Fleisch sollte nicht offen im Kühlschrank liegen, sondern in geschlossenen Kunststoffbehältern. Wenn Sie verschiedene Sorten gekauft haben, bewahren Sie sie auch getrennt voneinander auf.

## VERARBEITUNG/ZUBEREITUNG

Wenn Sie mit unterschiedlichen Tierprodukten parallel hantieren, z. B. Fisch und Huhn, sollten alle Werkzeuge (Messer, Schneidbretter usw.) zwischendurch mit heißem Wasser gründlich abgespült werden. So verhindern Sie die Übertragung von Bakterien. Bei Lebensmitteln, die die Hände stark verschmutzen, sollten Sie mit Einweghandschuhen aus dem Haushaltsbedarf arbeiten, idealerweise aus Nitril. Lebensmittelreste möglichst sofort entsorgen.

## VAKUUMIERGERÄT

Vakuumverpackt bleiben Lebensmittel länger frisch. Da keine Oxidation durch Sauerstoff stattfindet, gibt es keinen Gefrierbrand. Ein günstiges Vakuumiergerät bekommen Sie für etwa 100 Euro. Druckempfindliche Lebensmittel wie Erdbeeren können in speziellen Schüsseln vakuumiert werden, anderes in Beuteln oder Schläuchen.

## HALTBARKEIT

Lebensmittel, die ihr Mindesthaltbarkeitsdatum erreicht haben, können oft noch bedenkenlos verzehrt werden. Bei leicht Verderblichem wie Fleisch oder Milchprodukten ist aber Vorsicht geboten. Im Zweifel gilt: Lieber entsorgen als ein gesundheitliches Risiko einzugehen!

# BILLIGKOHLE?

**WO KOHLE DRAUFSTEHT,** ist nicht immer auch (nur) Kohle drin. Und wenn Kohle drin ist, ist es manchmal nicht die, die man erwartet.

In den Tropen werden oft Eisenholz-Baumarten wie Arganbaum und Bäume aus der Familie der Lorbeergewächse zu Holzkohle verarbeitet. Kohle dieser Bäume erzeugt in geschlossenen Grillsystemen einen **EXTREMEN RAUCHGESCHMACK,** der von vielen als störend empfunden wird.

Auf sachgemäße Lagerung beim Händler achten! Viele angerissene und **OFFENE TÜTEN** lassen auf häufiges Umlagern schließen. Das jedoch führt zum Zermahlen der gröberen Holzkohlestücke bis hin zu Staub.

Ob Sie Kohle aus europäischen Laubwäldern gekauft haben, erkennt man an den ausgeprägten **QUERSTREIFEN** in der Kohle. Sie stammen von Jahresringen, die im Tropenholz nicht ausgebildet werden.

## ACHTUNG!

Günstiger Holzkohle dürfen auch Steine beigemischt sein, um das Verpackungsgewicht zu erhöhen.

**SCHLECHTE KOHLE ERKENNT MAN** an grobporiger Oberfläche und ungleichmäßiger Färbung. Sie wurde während der Herstellung nicht vollständig in Kohlenstoff umgewandelt, oft findet man noch ganze, unverkohlte Äste in den Tüten. Ohne DIN-Zertifizierung können Holzkohlesäcke alles enthalten, von Steinen über Draht bis zu Palettenreste aus der Verpackung. Eigentlich unglaublich!

# GUTE HOLZKOHLE!

**WER EIN RICHTIG SCHÖNES** Glutbett möchte, braucht erstklassige Holzkohle, die lange glüht und verantwortungsvoll produziert wurde.

Kaufen Sie nur Kohle **AUS HEIMISCHEN HOLZARTEN** (Buche, Eiche) oder Kohle mit dem FSC-Siegel. Dieses-Siegel ist das zur Zeit einzige internationale Zertifizierungssystem, das eine verantwortliche Nutzung der Wälder garantiert. Das Herkunftsland ist auf der Verpackung aufgedruckt.

Holzkohle aus **BUCHENHOLZ** ist am besten fürs Grillen geeignet. Es gibt nach unserem Wissen nur zwei Hersteller, die im großen Stil Holzkohle in Deutschland produzieren.

Zur Herstellung von Holzkohle wird Holz zu einem Meiler aufgeschichtet, dieser entzündet und das Holz langsam zu Holzkohle umgewandelt – da kein Sauerstoff dazukommt, spricht man nicht von einer Verbrennung. Dieses klassische Verfahren heißt **KARBONISIERUNG**. Im meist industriell angewandten Retortenverfahren wird getrocknetes Holz unter Luftausschluss in einer Hitzekammer zu Kohle umgewandelt.

## PROFI-TIPP
Achten Sie beim Kauf auf das DINplus-Zeichen, heimische Baumarten und das FSC-Siegel!

**ALLEIN AM KAUFPREIS** lässt sich gute Holzkohle leider nicht identifizieren. Dafür an der Farbe: Tiefschwarze Kohle weist auf einen hohen Kohlenstoffanteil hin. Außerdem lässt sich gute Kohle schwer entflammen, da sie wenige Lufteinschlüsse enthält. Ihre Brenndauer ist dafür aber länger und die Temperatur höher. Sie spritzt beim Brennen kaum aus – das heißt, es fliegen kaum Funken.

# HEIZ-BRIKETTS?

**BRIKETTS SIND ZUSAMMENGEFEGTER** Kohlenstaub. Man würde denken: Holzkohlenstaub, nicht selten ist es aber auch Braunkohlenstaub. Hitze macht der auch. Aber will man das?

Hinter der Bezeichnung „Grillbrikett" kann sich erstaunlicherweise **BRAUNKOHLE** verstecken. Wollen Sie nicht? Lesen Sie im Kleingedruckten genau nach, wenn Sie solche Heizbriketts vermeiden wollen. Nur ein Holzkohlengrillbrikett ist (in der Regel) auch eins.

Aufgrund verschiedener Holzsorten kann das Aroma der Briketts von Packung zu Packung **VARIIEREN**. Deshalb am besten Briketts aus sortenreinem Holz (z. B. Buche) verwenden.

**SCHLECHTE BRIKETTS** lassen sich ertasten: Wenn sich der Tüteninhalt wie Holzkohle anfühlt, sind die Briketts vermutlich zerbröselt. Entweder war die Ausgangsmasse beim Pressen nicht homogen genug oder die Lagerung zu feucht. Achten Sie beim Kauf darauf, dass die Säcke nicht im Freien gelagert werden. Gelbe Asche deutet auf Braunkohlebriketts hin (hoher Schwefelanteil).

# GRILL-BRIKETTS!

**BRIKETTS EIGNEN SICH** besonders bei Grillgut mit langen Garzeiten.

Auch bei Briketts aus Holzkohlenstaub gibt es einen **HAKEN**: Ob Tropenholz verwendet wurde, lässt sich nicht nachweisen.

**SAUBER BLEIBEN!** Gute Briketts hinterlassen nach dem Verglühen nur geringe Rückstände.

Wer mehrere Gerichte **HINTEREINANDER** grillen möchte, nimmt besser Briketts statt Holzkohle.

**NUR AUS GUTER, TIEFSCHWARZER** Holzkohle entstehen hochwertige Briketts. Bei der Herstellung werden Kohlestaub und kleine Stücke Kohle unter hohem Druck zusammengepresst, organische Stärke fungiert dabei als Klebstoff. Briketts lassen sich zwar etwas schwerer entzünden, haben dafür aber eine höhere Brenndauer und bilden ein gleichmäßigeres Glutbett als Kohle.

# FEUCHTER FRUST?

**IST DIE KOHLE NICHT TROCKEN,** wird das Essen nicht heiß, aber der Grill qualmt wie verrückt.

Griller haben ein Problem: Holzkohle und Feuchtigkeit sind allerbeste Freunde. Die Kohle zieht bereits Luftfeuchtigkeit magisch an (sie ist **HYGROSKOPISCH**). Das kann man sich im Haushalt zunutze machen und feuchte Schränke und Autoinnenräume mit Holzkohle trocknen. Fürs Grillen bringt das nur Probleme: Die Kohle geht nicht an – und wenn, qualmt sie stark und liefert wenig Hitze.

## BESSER NICHT!

Offene Kohlebeutel im Freien kosten Geld, Zeit und Nerven. Lieber öfter kleinere Beutel kaufen, als große Säcke feucht werden lassen.

**MIT NASSER KOHLE** oder feuchten Briketts lässt sich kein Feuer machen. Lagern Sie Kohlebeutel deshalb nicht draußen, auch nicht unter einem Dach. Ist die Kohle trotzdem mal feucht geworden, den offenen Beutel zum Trocknen in die Sonne oder den Heizungskeller stellen. Optimal eignen sich geschlossene Kunststofftonnen oder -kisten zur Lagerung Ihrer Kohlevorräte.

# FEURIGE FREUDE!

**WER VERNÜNFTIG** grillen will, braucht trockene Kohle.

Nur trockene Kohle sorgt für eine **DAUERHAFTE** und ausreichende Temperatur auf dem Grill.

Mit guter, trockener Holzkohle lassen sich rund **270 BIS 300 °C** über der Glut erreichen. Grillbriketts bringen es auf 200 bis 250 °C, brennen dafür aber länger.

**SAUBER BLEIBEN!** Trockener Brennstoff verhindert Qualmbelästigung der Gäste und Nachbarn.

**TROCKENE HOLZKOHLE LÄSST SICH** schnell entzünden, die Hitze ist durch die Steuerung der Zu- und Abluft gut regulierbar. Daher sollte die Kohle grundsätzlich in trockenen und möglichst gut belüfteten Räumen wie dem Keller, der Garage oder einem Schuppen gelagert werden. Kohle hat kein Verfallsdatum und ist frostresistent, also keine Sorge bei niedrigen Temperaturen.

## PARMESAN?

Argentinien ist aufgrund seiner vielen italienischen Einwanderer einer der weltgrößten Produzenten von sogenanntem „falschem Parmesan".

# GRILLEN IN SÜDAMERIKA

Wenn in Südamerika gegrillt wird, steht vor allem eines im Vordergrund: Fleisch! Man trifft sich mit Familie und Freunden und lässt das Grillen zu einem echten Ereignis werden. In den La-Plata-Staaten Argentinien, Paraguay und Uruguay versteht man unter dem Begriff Asado sowohl das Grillen als solches als auch die spezielle Zubereitungsform: Fleischstücke werden über offenem Holzfeuer an einem Metallkreuz zubereitet, ähnlich wie bei uns das Spanferkel. Typisch sind Teile vom Rind mit Haut („Asado con Cuero"), die über Stunden geröstet werden, aber auch Schwein, Huhn, Lamm und Innereien in verschiedener Form. Auch Chorizo, die typische scharfe Bratwurst, darf nicht fehlen. Eine vor allem in Brasilien beliebte Variante ist das Churrasco, bei dem insbesondere Spieße auf den Grill kommen. Zum Abschluss gibt es oft ein süßes Dessert, meist aus Obst. Wie hierzulande drehen sich die Gespräche am Grill auch in Südamerika um Themen wie Fußball, Politik und Liebesfragen.

Diese beiden typischen Rezepte bringen südamerikanisches Flair auf Ihren Grill:

## LOMBA DE PORCO
(Schweinefilet mit Parmesankruste am Spieß)

**Für 4 Personen:**
2 Schweinefilets à 600 g
2 TL Kreuzkümmel
Salz, Pfeffer
Saft einer halben Zitrone
2 Knoblauchzehen, zerquetscht
200 g geriebener Parmesan
Metallspieße

Schweinefilets von Sehnen und überschüssigem Fett befreien und in 3 cm dicke Scheiben schneiden. Alle Zutaten bis auf den Parmesan vermischen. Das Fleisch **über Nacht abgedeckt im Kühlschrank in der Marinade einlegen**. Am nächsten Tag herausnehmen, in Parmesan wälzen und auf die Spieße stecken. Etwa 25 Minuten direkt grillen, der Kern sollte rosa sein.

## PICANHA
(an Spießen gegrillter Tafelspitz)

**Für 5 Personen:**
Picanha, etwa 1500 g
Olivenöl
grobes Meersalz
oder Maldon-Salz
(Faustregel: 18 g auf 1 kg)
Metallspieße

Picanha ist ein südamerikanischer Fleischschnitt. **Bei uns bekommen Sie es beim Metzger als „Tafelspitz mit Fettschicht".** Alternativ lässt sich Roastbeef für das Rezept verwenden. Das Fleisch in 3 bis 4 cm dicke Scheiben schneiden und längs auf große Metallspieße stecken, dann dünn mit Olivenöl bestreichen und großzügig mit grobem Meersalz würzen. Bei hoher Hitze etwa 25 Minuten direkt grillen.

# BMK-GRILL?

**HEIMELIGE KAMINSTIMMUNG,** dafür sorgen Baumarkt-kamingrills. Wer grillen möchte, ist hier nicht richtig.

**UNBEWEG-LICH**: Wenn der Wind ungünstig steht, lässt sich das Teil we-der drehen noch wo-anders hinstellen.

Liebloser Speiseplan vorprogrammiert – ein Kamingrill aus dem Baumarkt mag gut aussehen, hat aber viele **NACHTEILE**: Das Grillgut weiter hinten ist kaum zu erreichen, ohne sich Arme und Finger zu verbrennen, Asche lässt sich schwer entsorgen und die Temperatur fast nicht regulieren.

**EIN SOMMERLICHES FEUER IM GARTEN** – dafür eignen sich Kamingrills am besten. Auch einfache Gerichte kann man auf ihnen zubereiten. Ansonsten: Finger weg! Oft entstehen bereits nach kurzer Zeit Spannungsrisse im Material, vor allem bei niedrigen Außentemperaturen. Temperaturregulierung ist auf diesen Grills kaum möglich, variantenreiches Grillen ein Ding der Unmöglichkeit.

# BBQ-GRILL!

**UNIVERSALTALENT UND ECHTES PROFIGERÄT:** Ein BBQ-Grill oder Smoker-Grill lässt jeden Kamingrill alt aussehen.

Ein BBQ-Grill oder Smoker-Grill ist ein **ALLROUNDER**, an dem die ganze Familie, ambitionierte Amateure und auch Profis Spaß haben. Ab 300 Euro geht es für vernünftige Geräte los.

Bei den Begriffen herrscht etwas Verwirung: Die hier empfohlenen BBQ-Grills oder **SMOKER-GRILLS** sind nicht das Gleiche wie die unter den Begriffen Smoker und BBQ-Smoker angebotenen Geräte. Gemeinsam haben alle einen mehr oder minder tonnenförmigen Korpus, einen Deckel und eine Side-Fire-Box. Darin machen Sie das Feuer zum Smoken beim Barbecue.

## PROFI-TIPP

Klassische Smoker sind sehr teuer und aus richtig dickem Material gefertigt. Sie haben für den normalen Griller einen gravierenden Nachteil: Ihnen fehlt die Grill-Funktion, die Hitze kommt immer aus der Feuerbox an der Seite.

**BBQ-GRILLS VEREINEN** mehrere Grillgeräte in sich: Neben dem Heißräuchern ermöglichen sie auch normales direktes und indirektes Grillen, weil sie Grillroste haben. Auch die gleichzeitige Zubereitung verschiedener Gerichte ist kein Problem, denn es lassen sich mehrere Temperaturzonen einrichten. Da indirektes Grillen mit geringer Hitze arbeitet, können auch Kinder beim Grillen helfen.

## GRILLTYPEN

**Grundsätzlich unterscheidet man Grilltypen** nach zwei Hauptkriterien: dem eingesetzten Brennstoff, also Kohle, Gas oder Strom, und der Art und Weise, wie auf dem Grill gearbeitet wird. Entweder wird direkt gegrillt, das Grillgut also über der Kohle auf den heißen Rost gelegt, oder man grillt indirekt und legt das Grillgut neben der Glut auf den Rost. Grills, auf denen man auch indirekt grillen kann, haben eine Haube oder einen Deckel.

Neben den Standardgrills gibt es natürlich auch extravagante Geräte wie den klassischen Smoker, mit dem man z. B. riesige Fleischstücke stundenlang schonend räuchern kann – für Profis das absolute Traumgerät.

## DIREKTGRILL

**Das klassische Gerät für simples Grillen** gibt es fast überall und in vielen Versionen zu kaufen. In der Regel wird darauf mit Holzkohle gegrillt.

Besonders vielseitig sind solche Grills leider nicht. Das Grillgut liegt direkt über der Glut und die Kohle hält nicht besonders lange, weshalb sich eigentlich nur Kurzgebratenes gut zubereiten lässt.

Beim direkten Grillen muss man schnell sein, damit nichts anbrennt oder zu viel Fett in die Glut tropft. Da hilft es, wenn zumindest der Rost in der Höhe verstellbar ist.

## KUGELGRILL

**Kugelgrills werden als Holzkohle-, Gas- oder Elektrogrill** angeboten. Effektive Elektrogrills sind auf dem Markt recht selten. Die Domäne des Kugelgrills ist indirektes Grillen. Das Grillgut liegt abseits der Glut auf dem Rost, der aufgesetzte Deckel sorgt für eine gute Wärmeverteilung, so ähnlich wie in einem Backofen. Auf diese Weise können auch dicke Fleischstücke problemlos gegrillt werden. Direktes Grillen ist in der unteren Hälfte des Geräts möglich, die Temperatur der Kohlen lässt sich über die Zuluftregelung sehr gut kontrollieren.

## GASGRILL

**Als typischer Grill für die Outdoor-Küche** steht er das ganze Jahr auf der Terrasse und ist schnell einsatzbereit. Fleisch und Beilagen kann man auf ihm problemlos zubereiten. Auch indirektes Grillen ist durch Abdeckung der Gasbrenner und einen Deckel möglich.

Nachteile? Gibt es eigentlich nicht, bis auf den hohen Gasverbrauch bei großen Grills mit vier oder fünf Brennern. Am besten immer eine Reserveflasche bereithalten, sonst bleibt die Küche kalt!

## BBQ-GRILL / SMOKER-GRILLS

**Die eierlegende Wollmilchsau der Grillwelt.** Mit diesem Gerät können Sie direkt und indirekt grillen und smoken, also garen im Rauch bei niedrigen Temperatur. Dabei kommt eine separate Feuerkammer (Side Fire Box) zum Einsatz, in der ein Holz- oder Kohlefeuer entzündet wird. Beim Smoken wird mit Garraumemperaturen zwischen 90 und 120 °C gearbeitet.

## KERAMIKGRILL

**Die Königsklasse unter den Grills.** Man sieht die „Eier" heute immer öfter auch in der Gastronomie. Die Befeuerung erfolgt allein durch Holzkohle, man grillt normalerweise indirekt mithilfe eingesetzter Deflektorplatten.

Unbestrittene Vorteile dieser Geräte sind die konstante Temperatur über einen langen Zeitraum, der vergleichsweise geringe Kohleverbrauch dank starker Hitzespeicherung und die Unempfindlichkeit gegen Umwelteinflüsse wie Regen, Schnee und Wind. Ein (leider sehr teures) Teil für echte Liebhaber.

# ZUM WEGWERFEN?

**BILLIG! PRAKTISCH? GUT?** Bei Einweggrills blutet jedem Grillprofi das Herz.

Einweggrills machen **WENIG SPASS**, aber viel Müll – und sind außerdem eine große Brandgefahr. Komfortables Grillen ist anders: Ohne Deckel, Windschutz und höhenverstellbaren Rost kommt kaum Freude auf.

## ACHTUNG!

Wenn Sie schon einen Einweggrill nutzen, achten Sie bitte darauf, diesen nach Benutzung richtig zu löschen. Sand eignet sich dazu am besten. Vor der Entsorgung auf jeden Fall vollständig abkühlen lassen.

**MAN WEISS SCHON ALLES** über die Qualität dieser Dinger, wenn man sie für einen Euro im Supermarktregal liegen sieht: Einweggrills aus Alufolie sind schlecht für die Umwelt und eine Katastrophe für den Grillspaß und die Qualität Ihres Grillguts. Gerade wer gerne und öfter grillt, wird den Kauf eines portablen Grills fürs nächste Picknick sicher nicht bereuen.

# GRILLSPASS TO GO!

**PRAKTISCH, UMWELTFREUNDLICH, SICHER.**
Durchdachte portable Grills sind echte Hingucker und man kann mit ihnen richtig leckeres Essen in den Park bringen!

Nicht nur tragbar, sondern zudem **PRAKTISCH**: Meist lassen sich Kohle, Anzünder und weiteres Zubehör im Grill verstauen.

**PERFEKT!**
Ein portabler Grill mit Deckel ermöglicht indirektes Grillen auch unterwegs.

**FÜR DAS GRILLEN IM PARK** oder am Strand gibt es nichts Besseres als einen guten portablen Grill, optimalerweise sogar mit Deckel. Er garantiert gesundes, entspanntes und vielfältiges Grillen, das auch der Umwelt nicht schadet – und langfristig sogar ihren Geldbeutel schont. Mit diesem Kauf machen Sie alles richtig und beweisen obendrein auch noch Stil!

# GRILLEN EXTREM

**FÜR DIESE ARCHAISCHEN UND BRACHIALEN** Grillmethoden ernten Sie entweder große Bewunderung oder verständnisloses Kopfschütteln.

Schweinelachse pfeffern, salzen, mit etwas Öl bestreichen und in mehrere Lagen feuchtes Zeitungspapier einwickeln. **IN EINER AUSGEHOBENEN ERDGRUBE** ein Holzfeuer bis auf die Glut herunterbrennen lassen. Danach die Hälfte der Glut mit einer Schaufel herausnehmen, das eingewickelte Fleisch in die Grube legen und mit der Glut und abschließend etwas Erde bedecken. Am Ende den Braten vorsichtig mit der Schaufel freilegen und und herausnehmen.

**FERTIG NACH ETWA ANDERTHALB STUNDEN**

**AB INS ERDLOCH:** Machen Sie eine Reise zu den Anfängen des Barbecues. In einigen Teilen der Welt werden noch heute vollständige Tiere, in Lehm oder Bananenblätter eingehüllt, in Erdlöchern gegart. Es versteht sich von selbst, dass bei dieser Zubereitungsart die Zeitangaben ein bloßer Richtwert sind. Und sollte es nicht auf Anhieb perfekt funktionieren: Auch zwischen verbranntem und rohem Fleisch lässt sich immer noch ein leckeres Stück finden!

**EIN WEITERER SCHNÖRKELLOSER** und interessanter Ansatz ist das Garen direkt in der Glut. Dafür muss man die Glut eines Lagerfeuers etwas beiseiteschieben. Ein Steak aus dem Roastbeef direkt in die heiße Asche legen und mit einer Schaufel leicht eingraben, sodass es vollständig bedeckt ist. Ein 4 cm dickes Stück sollte nach etwa 10 Minuten perfekt medium sein (mit Thermometer prüfen). Das Steak mit einer Grillzange herausnehmen, vor dem Servieren die Asche gründlich mit einer Bürste entfernen.

**AUCH EINDRUCKSVOLL** ist der Einsatz eines Flammenwerfers: Mit einem Flambierbrenner perfektioniert man jedes Gericht. Egal, ob die Glut kurz vor dem Garpunkt nachlässt oder das Fleisch nicht dunkel genug aussieht, mit dem Brenner lassen sich kleine Pannen elegant ausbügeln. Auch zuckerhaltige Glasuren können sehr schön zum Karamellisieren gebracht werden. Das eignet sich perfekt für Spare Ribs kurz vor dem Servieren. Die Ribs bekommen eine schöne, dunkle Färbung und die Glasur wird leicht zähflüssig mit einem süßen Aroma.

# EQUIPMENT 1: BASICS

**DINGE, DIE MAN UNBEDINGT HABEN MUSS** beim Grillen, gibt es gar nicht so viele, dafür aber in riesiger Auswahl. Wir sagen Ihnen, welche Teile wirklich unverzichtbar sind und worauf Sie achten sollten.

**GRILLHAND-SCHUHE** sind wichtig, um Metallspieße oder in Alufolie Eingewickeltes gefahrlos zu bewegen. Auch glühende Kohlen lassen sich mit ihnen kurzzeitig in die Hand nehmen.

**GRILL-WENDER** aus Edelstahl brauchen Sie für empfindliches Grillgut. Kaufen Sie einen mit großer Schaufel!

Ein **FLEISCH-THERMOMETER** benötigt man zur Gargradbestimmung (siehe S. 87).

Eine stabile **GRILLBÜRSTE** aus Edelstahl oder Messing hilft beim Saubermachen (siehe S. 111).

Zum Finger-abputzen oder Auf-wischen: Toiletten- oder besser noch **KÜCHEN-PAPIER**.

Am besten beschaffen Sie sich mehrere preiswerte **KOCHPINSEL** – zum Einölen von Oberflächen und als Saucenpinsel.

Dank **AN-ZÜNDKAMIN** nie wieder Wedeln und Pusten (siehe S. 103)! Kosten: 10 bis 30 Euro.

Eine langstielige **GRILL-ZANGE** aus Edelstahl mit flachen Greifbacken – ohne sie geht gar nichts.

In einem alten **RUCKSACK** oder einer Tasche hat man sein Zubehör gut verstaut und immer zur Hand.

**AM BESTEN LEGEN SIE EIN GUTES** Grundsortiment an und stocken bei Bedarf auf. Hochwertige Einzelstücke machen langfristig mehr Sinn als ein günstiger Grillkoffer, der vollgepackt ist mit minderwertigen Teilen. Der Ärger über scharfe Kanten, abgebrochene Teile oder abblätternde Beschichtung im Grillgut trübt den Grillspaß. Grillzubehör, das Hitze ausgesetzt wird, sollte nicht aus verzinktem Material bestehen. Die Zinkschicht löst sich und setzt ungesunde Dämpfe frei. Aluminiumteile gehören nicht in die Spülmaschine, das Material wird so stumpf und unansehnlich.

# GRILLGABEL?

**NEBEN DEM TELLER** ist die Gabel gut aufgehoben.
Beim Grillen hat sie nichts verloren.

Wenn schon **GRILLGABEL**, dann aus Stahl, am besten mit geraden Zinken.

Technikfreaks jauchzen auf, Grill-Weltmeister schütteln bei Thermometer-Grillgabeln den Kopf: Die Zinken sind riesig, da muss man schon ein sehr ordentliches Stück Fleisch haben. Selbst dann hinterlässt man **ORDENTLICHE KRATER** in der Oberfläche. Und die ganze Konstruktion weckt nicht genug Vertrauen, das Fleisch damit anzuheben.

## BESSER NICHT!

Falsches Grillwerkzeug verursacht trockenes, unansehnliches Fleisch und gefährliche Fettbrände.

**ALLES, WAS PIEKST,** sollte vom Grillgut ferngehalten werden! Es ist ja eigentlich klar: Aus durchlöchertem Fleisch läuft sämtliche Flüssigkeit heraus. Und dann wird das knochentrockene Stück auch noch flambiert, wenn sich das tropfende Fett an der Glut entzündet. Auch anderes Grillgut wie Gemüse verliert Flüssigkeit und damit guten Geschmack, wenn es aufgepiekst wird.

# GRILLZANGE!

**OHNE ZANGE STELLT SICH** kein Profi an seinen Grill und irgendwann nicht mal mehr in die Küche.

Ab jetzt wird es richtig **SAFTIG UND LECKER** – dank passendem Werkzeug.

**Absolutes** MUST-HAVE

Am besten **KEINE PLASTIK-GRIFFE**: Am Grill wird's heiß und gerade dann neigen bestimmte Kunststoffe dazu, Giftstoffe freizusetzen.

**EINE ZANGE VERLETZT NICHT** die Oberfläche des Grillgutes. So trocknet nichts aus und bei Fleisch bleibt das geschmackstragende Fett erhalten. Mit ihr lassen sich – anders als mit einer Gabel – nicht nur Würstchen, sondern auch Gemüse, Ribs und größere Braten wenden. Wer sich erst einmal mit diesem Must-Have angefreundet hat, wird es irgendwann auch beim Kochen verwenden…

# PÜNKTLICH?

**SCHAUEN SIE IM ALLTAG** nicht schon oft genug auf die Uhr?

Die Zeit können Sie vergessen. Die entscheidende Frage lautet: **WIE HOCH** ist die Garraumtemperatur am Grillgut? Davon hängt es ab, wann Ihr Essen fertig ist.

Bei vielen offenen Grills wird es unter dem Grillgut **ÜBER 400 °C** heiß – je nach Art und Zustand der Kohlen. An der Grillgut-Oberfläche sind es dagegen deutlich unter 100 °C.

**KLEINER VERSUCH:**
Zwei Steaks über der gleichen Glut, eins 2,5 cm dick, das andere 5 cm. Das dünne hat nach 5 Minuten Grillen schon eine Kerntemperatur von 60 °C (well done), das andere ist selbst nach 8 Minuten mit einer Kerntemperatur von 50 °C noch nicht mal als rare (blutig) zu bezeichnen. Auf die Zeit zu achten, hilft also gar nichts.

**BEI GRILLREZEPTEN SIND** die angegebenen Garzeiten bloß Richtwerte, denn die verschiedenen Faktoren, von denen der Gargrad des Grillguts beeinflusst wird, kann kein Rezept einbeziehen: Windstärke am Grillort, Lufttemperatur und Hitzegrad der Kohlen sind immer unterschiedlich. Da hilft es wenig, einfach nur die Grillzeit zu stoppen – auch die Temperatur muss geprüft werden.

# PUNKTGENAU!

**WIE LANGE EIN STEAK** garen muss, ist vor allem von der Kerntemperatur abhängig.

Das Thermometer muss schnell messen. Analoge Thermometer für ein paar Euro können das nicht, außerdem haben sie eine breite Spitze. In der Regel sind **DIGITALGERÄTE** besser, man kann die Werte genau ablesen. Profigeräte kosten gerne mal 80 Euro, aber es gibt auch vernünftige Ware für weniger Geld.

Verwenden Sie ein Thermometer mit **DÜNNER SPITZE**. So tritt weniger Flüssigkeit aus Ihrem Grillgut aus!

Je geringer der **FETTANTEIL** eines Fleischstückes, umso geringer ist auch die ideale Kerntemperatur.

**EIN PERFEKT GEGARTES STEAK GELINGT,** wenn die Kerntemperatur des Fleisches mit einem Thermometer gemessen wird. Die gibt es in digitaler und analoger Ausführung. Achten Sie darauf, die Thermometerspitze immer mittig in das Grillgut zu stecken, um die Stelle mit der niedrigsten Temperatur zu treffen. Grundsätzlich gilt: Temperatur ist wichtiger als die Verweildauer auf dem Rost.

# FRÜHSTÜCK VOM GRILL

**ZUM FRÜHSTÜCK STEAKS** auf den Grill zu legen, ist nur eine Möglichkeit.
Mit dem Grill ist auch morgens alles möglich: selbstgebackene
Brötchen, Beilagen von herzhaft bis fruchtig-süß.

Lassen Sie mal
**TOMATEN 1–2**
Stunden bei 100–120 °C
indirekt auf dem Grill liegen
und dabei das Wasser ver-
dampfen… Die Tomaten
werden deutlich aro-
matischer.

Speck, Würst-
chen und Eier lassen
sich ganz einfach auf
einem **GRIDDLE** braten.
Wer es gerne süß mag,
bäckt darauf auch
Pfannkuchen.

## PERFEKT!
Lecker fürs Müsli sind auf
dem Griddle geröstete Nüsse.

Für amerikanische
**PANCAKES** 2 Eier, 4 EL geschmolzene Butter, 250 ml Buttermilch miteinander verrühren. 175 g Mehl mit je ½ TL Natron und Backpulver, 1 EL Zucker und ½ TL Salz vermischen. Die trockene Mischung rasch in die flüssige einrühren, einige Minuten quellen lassen und auf dem nicht zu heißen Griddle von beiden Seiten goldbraun backen.

Für englisches Frühstück wichtig:
**BAKED BEANS** aus der Dose werden viel besser, wenn Sie sie in einer feuerfesten Schale oder einem kleinen Topf auf dem Grill erhitzen und etwas von Ihrem Lieblingsgrillgewürz unterrühren.

**GRILLEN KANN MAN DAS GANZE JAHR** und rund um die Uhr. Ein Sommertag wird noch besser, wenn er draußen beginnt und der Grill den Toaster, Backofen und Herd ersetzt. Hartnäckige Zweifler(innen) überzeugen Sie mit selbst gebackenen Brötchen oder Muffins aus dem geschlossenen Grill. Einfacher: Brotscheiben toastet man direkt auf dem Rost. Herzhafte Frühstücker sollten sich ein Griddle zulegen (S. 109), um darauf zu braten, was das Herz begehrt, ob Bacon, Würstchen, Eier oder Tomaten… Sie können auch Obst grillen, z. B. Spieße mit Ananas und Weintrauben, oder ganze Bananen (siehe S. 17).

# DIE PERFEKTEN CHICKEN WINGS

**KEIN ECHTES BBQ KOMMT OHNE WINGS AUS.**
Perfekt gegrillt, sind die saftigen Flügelchen außen
herrlich kross und innen verführerisch saftig.

**KNUSPRIGE HÜLLE, SAFTIGES FLEISCH:** Chicken Wings stehen für schnörkellose Perfektion vom Grill. Sie sind das ideale Fingerfood. Schon die Rohware hat genau die richtige Größe, um sie später perfekt gegrillt mit beiden Händen genussvoll zu essen. Deswegen sind diese köstlichen Teile gerade bei Kindern beliebt. Sparsame Menschen teilen die Wings im „Ellenbogenbereich" schon vor dem Grillen in zwei Teile. Die Flügelchen müssen erst indirekt gegart und dann zum Abschluss noch kurz direkt über der Glut mit der Glace aufgeknuspert werden.

## GENAUSO GUT

Wenn Ihnen an den Flügeln zu wenig Fleisch dran ist, nehmen Sie Hähnchenkeulen. Die Zubereitung ist die Gleiche, es dauert nur etwas länger, eben wegen dem Mehr an Fleisch.

**ZUALLERERST WIRD FEUER GEMACHT.** Den Anzündkamin mit Holzkohlebriketts füllen, Öko-Anzünder auf einer geeigneten Unterlage anstecken und Kamin auf den brennenden Anzünder setzen.

**EINE GEWÜRZMISCHUNG** für Hühnerfleisch ist schnell hergestellt: Je 1 TL Salz, frisch gemahlenen Pfeffer, getrockneten Thymian, Rosmarin, Salbei und Knoblauch mischen. Evtl. mit Chili würzen.

**FLÜGELENDEN (SPITZEN) ABSCHNEIDEN**, falls sie sich noch an den Wings befinden. Das Fleisch gründlich mit kaltem Wasser waschen, dabei anhaftende Federkiele entfernen, abtrocknen.

**DIE TROCKENEN HÜHNERTEILE** nun sorgfältig mit der Gewürzmischung einreiben. Man kann die Mischung auch modifizieren, so sorgen z. B. Curry oder eine Spur Zimt für exotischen Geschmack.

**DIE GRILLFERTIGEN BRIKETTS** an den Rand des Grills schütten. Sehr gut geeignet sind Kohlekörbe, die in den Grill gestellt werden und eine räumliche Trennung von Kohle und Grillgut gewährleisten.

**DIE GEWÜRZTEN WINGS** so auf den Grill legen, dass sie nicht direkt über der glühenden Kohle liegen. Den Deckel schließen und die Wings ca. 40 Minuten grillen.

**WÄHREND DIE FLÜGEL GAREN,** lässt sich nebenbei eine Glace aus 4 EL süßsaurer Chilisauce, 1 EL Apfelessig und 1 EL Ahornsirup mischen. Wer mag, gibt noch scharfe Chilisauce dazu. Das gibt Feuer!

**DIE GAREN CHICKEN WINGS** mit der Glace bestreichen und kurz über der glühenden Kohle direkt grillen, bis die Glace zu karamellisieren beginnt. Gut aufpassen, dass sie dabei nicht schwarz wird!

# ALUSCHALE?

**SIND SIE WIRKLICH SO GESUND** und unverzichtbar?
Der Profi braucht sie jedenfalls nicht.

Grillschalen sollen verhindern, das Fett und Saft in die Glut tropfen und somit krebserregendes **BENZPYREN** entsteht – leider halten sie aber auch viel Geschmack fern.

## SAUBER BLEIBEN!

Wer sich schnell ekelt, nimmt einfach die Texas Crutch (rechte Seite), um den direkten Kontakt mit dem Rost zu vermeiden.

Alufolie auf dem Grill hat ihren Sinn, denn dort kann man etwas hineintun, was sonst auslaufen würde. Grillschalen haben Löcher und sind **GELDSCHNEIDEREI** für Ängstliche: Temperaturzonen und indirektes Grillen sind viel effektiver und liefern nebenbei auch besser schmeckendes Grillgut.

**GRILLSCHALEN SOLLEN DAS** Grillen angeblich viel gesünder machen – mancher hält sie gar für unverzichtbar. Es gibt sie zum einmaligen Gebrauch aus Aluminium oder auch robust aus Edelstahl. Günstig sind sie alle nicht – und es geht auch sehr gut ohne. Bilden Sie mehrere Temperaturzonen (S. 123), tupfen Sie die Marinade vor dem Grillen ab (S. 97) oder grillen Sie indirekt (S. 125).

# ALUFOLIE!

**TEXAS CRUTCH** (texanische Krücke) heißt ein Schiffchen aus Alufolie in den USA. Ein Grilltipp für die ganz Fixen.

Es heißt immer, die glänzende, besser reflektierende **SEITE DER ALUFOLIE** sollte nach innen zum Fleisch zeigen, damit die Hitze nicht vom Päckchen weg reflektiert wird. Rein theoretisch richtig, aber in der Praxis ist der Unterschied nicht festzustellen – erst recht beim indirekten Grillen. Es ist also völlig egal, wie rum Sie Ihre Alufolie benutzen.

Absolutes MUST-HAVE

Die Idee, Fleisch nach einer gewissen Grillzeit in Alufolie zu wickeln und langsam weitergaren zu lassen, wird von allen Profis genutzt. Statt aus Texas (Texas-Crutch) kommt die Technik wahrscheinlich ursprünglich aus der Karibik und funktionierte dort mit Bananenblättern. Folie am besten doppelt nehmen (falten) und ein **SCHIFFCHEN FORMEN**, in das das Fleisch gelegt wird. Danach gut verschließen.

**ALUFOLIE IST EIN** bewährtes, vielseitiges Hilfsmittel beim Grillen, mit dem man jede Schale leicht ersetzen kann. Kartoffeln werden darin eingehüllt direkt in der Glut gebacken, Gemüse dämpfen im Alupäckchen. Fleisch ruht darunter (S. 137), Ribs garen schneller (S. 31). Geschickt gefaltet bildet sie eine Tropfschale (S. 97) und ein Knäuel ersetzt notfalls die Grillbürste zur Reinigung.

# FETTFLAMME?

**AUS LECKERER MARINADE** kann schnell ein gefährliches Feuer werden.

Speiseöle und Fette haben eine Zünd-temperatur von ca. 300 °C. Tropft das Öl oder Fett direkt auf die glühende Holzkohle (ca. 400 °C oder mehr), kann es, je nach Menge, sogar zu einer **STICHFLAMME** kommen.

Auch beim direkten Grillen mit einem offenen Grill das marinierte Grillgut **NICHT SOFORT DIREKT** über die Glut legen, sondern leicht versetzt, bis das flüssige Öl ver-dampft ist. Der Rauchpunkt liegt bei Olivenöl bei 130–160 °C, bei Sonnenblumenöl bei 209 °C.

**BESSER NICHT!**
Verbrennendes Fett stinkt, qualmt und ist ungesund. Siehe Seite 136/137

**ZU VIEL ÖL BEIM MARINIEREN,** und es tropft in die Glut. Eine Stichflamme am Grill sieht vielleicht nett aus, nutzt dem Fleisch aber nichts. Im schlimmsten Fall wirbelt das tropfende Öl auch noch Asche auf, die sich aufs Fleisch legt. Also möglichst immer zunächst kurz indirekt grillen, und wenn es doch mal brennt, das Fleisch aus der Flamme ziehen und abwarten. Nicht mit Bier löschen (S. 188/189).

# FETTSCHALE!

**AUS TROPFENDEM FETT** lässt sich viel mehr machen als nur eine gefährliche Stichflamme. Eine leckere Sauce zum Beispiel.

Eine geeignete Fett-schale muss eigentlich nur **FEUERFEST** sein. Es gibt im Baumarkt, Camping- oder Grillfach-handel spezielle Aluauffangschalen (ab ca. 0,50 €/St.) mit geschlosse-nem Boden. Es eignen sich aber auch Auflauf- oder Backformen oder eine selbstgefaltete Schale aus Alufolie.

## PROFI-TIPP

Steht die Fettschale dicht an der Glut und Sie brauchen das Fett nicht mehr? Dann füllen Sie vorher etwas Wasser in die Schale, so lässt sie sich später besser reinigen.

**STARK MARINIERTES FLEISCH SOLLTE** möglichst leicht versetzt neben der Glut über einer Fettschale indirekt (also mit geschlossenem Deckel) garen. Echte Genießer mischen ein wenig von dem auf-gefangenen, hocharomatischen Fett aus der Schale mit Ketchup, Chilisauce und Honig und kreieren so eine eigene Barbecuesauce. Experimentieren Sie auch mit Sojasauce oder Tabasco!

# RICHTIG GEFÄHRLICH?

**ACHTUNG LEBENSGEFAHR!** Spiritus gehört auf gar keinen Fall auf den Grill.

## ACHTUNG!

Spiritus hat einen sehr niedrigen Flammpunkt (13 °C), seine Dämpfe können daher bei üblichem Grill-wetter mit Luft explosionsfähige Gemische bilden.

Auch flüssige Grill-anzünder und Lampenöl sollten Sie sich schenken, beson-ders wenn Sie Kinder haben. Diese paraffinhaltigen Öle sind zwar sicherer in der Anwendung, aber dafür kann man sich damit **VERGIFTEN!** Bereits weni-ge Tropfen, die in die Lunge gelangen, können schwere Komplikationen aus-lösen. Es gibt Hunderte Vergif-tungsfälle und mehrere Tote jedes Jahr.

**JÄHRLICH KOMMT ES IN DEUTSCHLAND** zu rund 4000 Grillunfällen – viele davon verursacht durch den Einsatz von Spiritus –, einige davon enden tödlich. Die Opfer sind oft Kinder. Zwar berichten die Medien jedes Jahr zur Grillsaison über die Ge-fahren beim Grillen mit Spiritus, die Appelle blei-ben aber leider oft fruchtlos. Es gibt viel bessere Anzünder, also Hände weg vom Spiritus!

# RICHTIG GUT!

**WER ES RICHTIG MACHT,** ist mit Öko-Anzündern genauso schnell wie mit den brandgefährlichen Grillbeschleunigern.

Die Alternativen:
**PARAFFIN-WÜRFEL** haben eine etwas stärkere Rauchentwicklung, zünden aber schnell und brennen recht lange. Mit **PRESSWÜRFELN** lässt sich ebenfalls sicher eine gute Glut entfachen. Sie zünden zwar nicht so schnell und haben nur eine kleine Flamme, brennen dafür aber lange.

**DIE BESTEN ANZÜNDER:** Die mit Wachs getränkten Holzwollmäuse. Sie zünden schnell und sicher und sind von den Emissionen absolut unbedenklich.

**DIE TECHNIK** ist bei diesen festen Anzündern stets dieselbe: Die Kohle mit dem Anzünder in der Mitte aufschichten. Wenn sie gut durchgeglüht ist, wird die Glut im Grill verteilt. Nun bitte noch abwarten, bis das Glutbett komplett mit einer weißen Asche-schicht überzogen ist – und erst dann das Grillgut auf den Rost legen. Noch sicherer, bequemer und schneller funktioniert's mit einem Anzündkamin.

## ANZÜNDERTYPEN

**Sie kennen das: Man hat Lust auf Grillen – und die Kohle will nicht zünden.** Lassen Sie sich davon die Laune nicht verderben, denn beim nächsten Mal kriegen Sie den Grill garantiert sofort an, ohne mit lebensgefährlichen Brandbeschleunigern hantieren zu müssen. Wir stellen Ihnen die gängigsten Zündhilfen vor, erklären, welche davon empfehlenswert sind, welche nicht – und warum.

Die wichtigste Grundregel lautet: niemals Spiritus oder gar Benzin! Das Zeug ist im wahrsten Sinne des Wortes brandgefährlich. Mit ökologischen Anzündern, einem Anzündkamin (siehe S. 103) und der richtigen Technik gelingt Ihnen eine perfekte Glut ohne lange Wartezeiten und Verbrennungsgefahr.

## ÖKOLOGISCHE ANZÜNDER

**Die sogenannten „Holzwollmäuse"** bestehen aus Holzfasern und werden aus nachwachsenden Rohstoffen hergestellt. Getränkt sind sie mit natürlichen Wachsen oder Ölen. Eine andere Öko-Variante sind Pressholzwürfel.

Sowohl Wolle als auch Würfel lassen sich einfach entzünden und brennen stabil und lange. Ökoanzünder verbrennen praktisch rückstands- und rußfrei und sind geruchsneutral.

Die beste und gesündeste Art, Ihre Glut zu entfachen!

## PARAFFIN-ANZÜNDER

**Anzündwürfel auf Paraffin-Basis sind gängige Zündhilfen** für Kamin- und Grillfeuer. Leichtes Entzünden ist zwar garantiert, leider aber meist auch eine starke Geruchsbelästigung. Im schlimmsten Fall wird dadurch sogar der Geschmack des Grillguts beeinträchtigt.

Je nach Hersteller ist es ratsam, bei der Verwendung Handschuhe zu tragen, damit zumindest die Hände geruchsfrei bleiben. Mit dem Grillen sollten Sie erst beginnen, wenn die Würfel vollständig abgebrannt sind.

## ELEKTRISCHE ANZÜNDER

**Für diese Geräte brauchen Sie einen Stromanschluss in der Nähe des Grills.** Mit einer Heißluftpistole lässt sich effizient und sauber ein Feuer entzünden. Allerdings kostet sie auch mehr als herkömmliche Anzünder, die günstigsten Geräte bekommen Sie für etwa 15 Euro.

Eine elektrische Heizschlange, unter die Kohlen gelegt, erzeugt in kurzer Zeit ein gutes Glutbett. Auch mit einer gasbetriebenen Lötlampe geht's gleichmäßig und schnell.

Elektro-Anzünder sind emissionsfrei und beeinträchtigen nicht den Geschmack des Grillguts.

## FLÜSSIGANZÜNDER/ GEL

**Chemische Grillanzünder gibt es in flüssiger Form** zum Tränken der Holzkohle und in gelartiger, dickflüssiger Form aus Kerosin, Petroleum oder N-Paraffin. Sie sind leicht entzündlich.

Je nach Zusammensetzung und Marke kommt es zu Geruchsbildung und evtl. Geschmacksbeeinträchtigung (wenn der Zünder nicht vollständig verbrannt ist). Unbedingt die Hinweise auf der Verpackung beachten!

## PAPIER/EIERKARTON

**Ein „Klassiker", der aber selten zu einem guten Ergebnis führt,** da sein Brennwert zu gering ist, um die Holzkohle zu entzünden.

Außerdem können Papierrückstände leicht durch einen Luftzug aufgewirbelt werden, sich auf dem Grillgut und in der Umgebung verteilen und dort ungewollte Feuer entfachen.

Lassen Sie also lieber die Finger von dieser Methode – sie ist zwar günstig, hat aber sonst nur Nachteile.

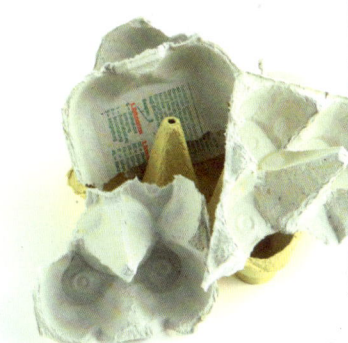

# WEDELN UND PUSTEN?

**WEDELN MACHT AUF SKIERN SPASS.**
Beim Grillen kostet es nur Zeit und Nerven.

Feuer anzu-
blasen erfordert Ihre
ganze Aufmerksamkeit.
Da bleibt **KEINE ZEIT**
für entspannte Grill-
vorbereitungen.

Achtung: Auf
diese Weise brennen
die Kohlen von innen
nach außen und des-
halb **UNGLEICH-
MÄSSIG** ab.

**WER EINEN KOHLEBERG** aufschüttet und anzün-
det, kann lange auf eine schöne Glut warten. Pusten und Wedeln ist nicht nur anstrengend, es dauert auch elend lange und bringt – außer Brandgefahr durch fliegende Funken – nicht viel. Wenn
dann aus Ungeduld auch noch ein Brandbeschleu-
niger wie Spiritus ins Spiel kommt, ist die Verbrennungsgefahr riesig.

# ANZÜNDKAMIN!

**DARF'S NOCH ETWAS GLUT SEIN?**
Sicher, schnell und eigentlich unverzichtbar.

Absolutes
MUST-HAVE

Einmal gezündet, können Sie sich **UNBESORGT** Ihren Gästen widmen. Eine Investition, die sich schnell auszahlt.

In nur etwa 20 Minuten sind die Kohlen schön **GLEICHMÄSSIG** durchgeglüht.

**PERFEKT!**
Gibt's für ein paar Euro im Baumarkt!

**ALLE VORTEILE EINES** Anzündkamins aufzuzählen dauert länger, als die Kohlen darin gleichmäßig durchglühen zu lassen – dafür sorgt der Kamineffekt. Die Dosierung der Brennmaterialien ist ganz einfach, die Verbrennungsgefahr klein. Nur direkt neben Ihrem Tisch sollten Sie den Kamin nicht aufbauen. Einige Funken fliegen schon. Wie Sie den Kamin perfekt zum Einsatz bringen, steht auf S. 104f.

# DEN GRILL ANMACHEN

**MIT DEM RICHTIGEN EQUIPMENT** und ein klein wenig Geduld bekommen Sie die perfekte Glut auf Ihren Grill.

**HOLZKOHLE** eignet sich für kurzes, Briketts für längeres Grillen. Am besten sind beide Brennmaterialien aus Buchenholz. Gute Anzünder finden Sie auf den Seiten 100 und 101.

**MESSEN SIE DIE MENGE DER KOHLE,** die sie brauchen, vorher im Grill ab und füllen Sie sie dann in den Anzündkamin. Durch die Stapelung glüht sie darin schnell durch.

**GRILLANZÜNDER ENTFACHEN,** gefüllten Kamin darüberstellen. Nach etwa 5 Minuten ist der Anzünder aufgebrannt, und die untere Holzkohle entzündet dank Kamineffekt die über ihr liegende.

**SOBALD DIE OBEREN LAGEN** der Kohle ebenfalls glühen, was etwa nach 20 bis 30 Minuten der Fall sein sollte, leeren Sie den Anzündkamin vorsichtig in den Grill. Jetzt kann's losgehen!

# GRILLEN IM SOMMER

**DIE KLASSISCHE GRILLSAISON IST DANN,** wenn die Sonne am heißesten brennt. Perfekte Voraussetzung für eine ausgedehnte Grillparty im Freien.

Beeren machen sich nicht nur bei Grill-desserts (ab Seite 182), sondern auch in einer erfrischenden **BOWLE** gut – überhaupt sorgen gut gekühlte Getränke bei jeder Grillparty für die ersehnte Abkühlung.

**ZITRONEN** sorgen beim Grillen nicht nur für Stand-festigkeit bei ganzen Fischen (Seite 39), sondern auch für Frische.

Feigen, Pfirsiche, Aprikosen ... Vieles aus dem Obstgarten lässt sich **PERFEKT** grillen!

Gekühlt schmeckt´s besser. Gerade im Sommer immer auf eine ununterbrochene **KÜHLKETTE** achten. So haben Salmonellen keine Chance!

**IM SOMMER HAT DAS FARBENFROHE** Gemüse Saison, allen voran Tomate und Paprika – beides perfekte Grillgemüse, beispielsweise für einen würzigen Grillsalat (siehe S. 215). Dazu kommen Sorten wie Zucchini, Fenchel, Aubergine und Broccoli. Kombinieren Sie am besten nach Lust und Laune auf dem Grill und in der Salatschüssel!

# EQUIPMENT 2 : NICE-TO-HAVE

**KLAR, ES GEHT AUCH OHNE.** Aber diese Spielzeuge machen echten Grillern einfach großen Spaß. Und sie machen sogar Pizza und Suppen auf den Grill möglich.

Die ideale Ergänzung zum Grill ist der **DUTCH OVEN**. Der gusseiserne Topf wird von oben und unten mit Kohle beheizt und kann sowohl wie ein Schmortopf als auch wie ein Backofen eingesetzt werden. Er ist ideal für Beilagen.

Mit einem **PIZZASTEIN** wird Ihr Grill zur perfekten Pizzamaschine. Verwenden Sie möglichst einen glasierten Kunststein aus Cordierit. Er ist stabiler und leichter zu reinigen als ein Natur- oder Schamottstein.

Ein **GRIDDLE** (oder: Grillpfanne) ist nützlich, wenn Sie zum Grillen Fett benötigen oder weiches Gargut wie Burger haben. Griddles haben meist eine glatte und eine geriffelte Seite.

Ein **RIB RACK** spart Platz: Die Rippchenstränge werden in das Rack gestellt, statt auf den Grill gelegt. Dazu wird das Rack andersherum als hier gezeigt auf dem Grill platziert. Gleichmäßiges Grillen ist so garantiert. In der gezeigten Position dient das Rack als Bratenkorb.

**WER AM LIEBSTEN** all seine Mahlzeiten auf dem Grill zubereiten würde, braucht dafür etwas spezielleres Zubehör. Wir zeigen Ihnen hier, was sich davon besonders lohnt – an weiterem Equipment besteht kein Mangel. Brauchen tun Sie das aber wahrscheinlich nicht. Übrigens: Grills gibt es ja schon lange an jeder Tankstelle zu kaufen, und auch das Equipment findet sich immer öfter außerhalb des Fachhandels. Doch gerade bei diesen Spielzeugen ist kompetente Beratung wichtig! Gut sortierte BBQ-Shops gibt es zwar nicht an jeder Straßenecke, aber das Internet schafft Abhilfe.

# CHEMISCHE KEULE?

**CHEMIE BEIM GRILLEN** ist eine heikle Sache – nicht nur in der Fertigmarinade.

**GUSSROSTE** dürfen nie mit Chemie gereinigt werden. Guss hat Poren und darin sammeln sich die Rückstände.

Bei verchromten oder anderweitig legierten Metallrosten immer darauf achten, dass die Legierung noch vollständig intakt ist. **SÄUREHALTIGE** Reiniger könnten sonst direkt das Metall angreifen.

**ACHTUNG!**
Vor allem geschmacklich ist von Chemiereinigern abzuraten, etwas bleibt immer am Rost und später am Grillgut hängen.

**MIT CHEMIE TÖTET MAN SÄMTLICHE** Bakterien, aber will man tatsächlich mit der chemischen Keule an Utensilien ran, mit denen später wieder Essen zubereiten wird? Auch den Schaum samt Fett dann ins Grundwasser zu spülen kann man nicht gerade als die feine englische Art bezeichnen. Besonders wenn die Alternative so viel günstiger ist.

# MECHANISCHE BÜRSTE!

**HOLZKOHLE-PURISTEN** schwören auf die reinigende Kraft des Feuers und eine Grillbürste.

Verwenden Sie eine stabile Grillbürste **MIT KRATZER** und starken Borsten, möglichst aus Edelstahl oder Messing. Gute Bürsten gibt es im Fachhandel schon für 10 bis 20 Euro.

Mit klarem Wasser, einer guten Bürste und – bei Bedarf – viel Feuer wird jeder Rost auch **OHNE CHEMIE** sauber. Die aufwendigere Pyrolyse-Methode eignet sich bei besonders starken Verschmutzungen und auch zur Erst-reinigung!

**WEM HEISSES WASSER** und eine gute Bürste noch nicht ausreichen, um den Rost zu reinigen, der macht eine „Pyrolyse": Dafür lässt man etwas Holzkohle richtig heiß durchglühen, legt sie dicht unter den Grillrost, schließt den Deckel am Grill und öffnet die Lüftung. In dieser Hitze hat nach 30 Minuten keine einzige Bakterie, Salmonelle oder irgendein anderer ungebetener Gast überlebt.

100°C
bis
300°C

# HEISS UND RAUCHIG: JETZT WIRD GEGRILLT!

# DU GRILLST ES DOCH AUCH!

Los geht's! Die Kohle glüht und das Grillgut kommt auf den Rost. Es beginnt ein Ritual, das auf uns Menschen eine große Faszination ausübt: Das Garen von Fleisch und anderen Speisen am Feuer.
Das Zusammenbringen von Feuer und Nahrungsmitteln hat die menschliche Ernährung grundlegend verändert: Pflanzen und Körner konnten in der Regel roh gegessen werden, Fleisch dagegen ist gegart deutlich besser genießbar. Die Verwendung von Feuer war damit ein entscheidender Schritt in unserer Evolution und daran erfreuen wir uns anscheinend noch heute.

Unser Geschmack hat sich seit den frühen Tagen genauso verändert wie die Verfügbarkeit von potenziellem Grillgut und die technischen Voraussetzungen: Weder sind wir heutzutage auf eine erfolgreiche Jagd angewiesen, um etwas zum Grillen zu haben, noch benötigen wir dafür ein offenes Feuer. Wir können aus unterschiedlichen Grilltypen wählen (siehe S. 76 f) und uns ganz einfach Vielfalt auf den Rost holen.

Obwohl viele heute mit Kohlen grillen (und manche sogar ohne es zu wissen mit zusammengeklebtem Braunkohlestaub, S. 68), hat das ursprüngliche Grillen mit Holz, ob am Lagerfeuer oder im Grill, bis heute einen besonderen Reiz. Es ist etwas schwieriger, denn man sollte ausschließlich unbehandeltes und trockenes Material einsetzen, um ungesunden Qualm weder in den Lungen noch am Grillgut zu haben. Auch ist nicht jede Holzsorte zum Grillen geeignet: Weiche Hölzer wie beispielsweise Nadelholz enthalten oft Harze, die dem Grillgut einen unschönen Beigeschmack mitgeben können. Besser zum Grillen sind Harthölzer wie Buche, Erle, gut abgelagerte Eiche sowie alle Arten von Obsthölzern (siehe die Tabelle auf Seite 117). Harthölzer haben eine deutlich höhere Dichte, brennen deshalb länger und bilden eine gleichmäßigere, schönere Glut. Durch den Rauch der Obsthölzer können Sie Ihr Grillgut aromatisieren, beispielsweise mit einer leichten Kirschoder Apfelnote!

Holz brennt zwar heißer als Kohle oder Kohlenbriketts, bei der Brenndauer verhält es sich aber umgekehrt: Briketts brennen am längsten – je nach Sorte und Qualität zwischen zwei und vier Stunden –, Holz mit nur 30 bis 60 Minuten am kürzesten. Holzkohle liegt dazwischen, sie glüht etwa ein bis zwei Stunden. Mehr geht nicht und am Ende wird selbst die Bratwurst kaum noch gar. Genauere Infos zum Thema Kohlen finden Sie auf den Seiten 66 bis 71. Wir haben das Thema etwas länger behandelt, weil es hierzu viele Missverständnisse gibt.

Beim Grillen unterscheidet man zwischen verschiedenen Temperaturbereichen. Die „kälteste" Art, Essen auf dem Grill zuzubereiten, ist das Kalträuchern. Dabei wird eine geringe Menge Holzspäne entzündet und der entstehende Rauch auf das Gargut geleitet. Die Temperaturen liegen dabei zwischen 10 und 25 °C. Der Rauch gart das Grillgut nicht, er konserviert und aromatisiert es lediglich. Zu Kaltgeräuchertem zählen beispielsweise Schinken und Würste.

Warmräuchern findet bei Temperaturen zwischen 40 und 70 °C statt. Die Konservierung erfolgt dabei durch Trocknung und Rauch. Einfache Schinkensorten wie Buckboard Bacon oder getrocknetes Fleisch wie Biltong oder Beef Jerky entstehen bei dieser Räuchervariante.

Bei Temperaturen zwischen 80 und 120 °C spricht man im Deutschen von Heißräuchern, im Amerikanischen von Barbecue (kurz: BBQ). Die Kunst hierbei besteht darin, mit möglichst gleichmäßigen Temperaturen über einen längeren Zeitraum ein Stück Fleisch, das ansonsten als zäh empfunden wird, schmackhaft und appetitlich zu garen. Klassisches BBQ findet man bei langfaserigen Stücken vom Rind – etwa bei Rinderbrust (Beef Brisket, siehe S. 127) oder Rinderwade (Pulled Beef) – und beim Schwein, beispielsweise bei BBQ-Ribs (siehe S. 31) und Pulled Pork. In der deutschen Grilltradition werden vor allem Schinken und Würste, aber auch Fische wie Forelle und Aal heißgeräuchert.

Dann gibt es noch das klassische Grillen über der Glut. Dabei benötigen Sie Temperaturen zwischen 100 und 300 °C am Rost. Langsam bei niedriger Temperatur gegartes Grillgut schmeckt in der Regel besser und ist bekömmlicher als schnell Gegartes. Das gilt insbesondere für Fleisch.

Konstante niedrige Temperaturen zum heißräuchern oder fürs echte Barbecuen (80 bis 120 °C) kriegen Sie am besten in einem geschlossenen Grill hin, etwa einem Kugelgrill oder BBQ-Smoker-Grill. Bei einem offenen Direktgrill, dem Standardgerät der meisten Hobbygriller in Deutschland, wird die Temperatur durch die Entfernung zur Glut gesteuert. Wie heiß Ihr Grill ist, lässt sich mit der Handprobe ganz einfach herausfinden: Können Sie die Hand etwa 2 oder 3 Sekunden über dem Rost halten, herrschen dort über 250 °C. 6 bis 8 Sekunden sprechen für 160 bis 180 °C und halten Sie es 12 bis 14 Sekunden aus, liegen knapp über 100 °C am Rost an.

Während Angaben in Kochbüchern zu Gardauer und Temperatur mit modernen Mitteln, etwa am Induktionsherd oder im Mikrowellengerät, ganz einfach umzusetzen sind, ist dies bei einem Grill schwieriger. Ein Holz- oder Kohlefeuer ist kurz nach dem Entfachen am heißesten und verliert dann stetig an Temperatur. Deshalb macht es gerade bei unterschiedlichem Grillgut Sinn, die Handprobe mehrmals durchzuführen, um für alles, was auf den Rost kommt, die passende Temperatur bieten zu können. Übrigens lässt sich auch in einem offenen Grill die Hitze der Glut regulieren: Ziehen Sie dafür die Kohlen oder Briketts auseinander oder schieben Sie sie zusammen.

Auf den nächsten Seiten finden Sie alle Informationen, die Sie zum gekonnten Grillen brauchen. Dabei geht's nicht nur um Grilltechnik und den richtigen Umgang mit verschiedensten Sorten Grillgut (siehe S. 12 bis 17), sondern auch um entspanntes Grillen für Grillmeister und Gäste (S. 188). Darüber hinaus geben wir Ihnen jede Menge Profi-Tipps – zum Beispiel das unvergleichliche Rezept für unsere berühmte Schaumburger Rolle (S. 173) oder die ultimative Geheimwaffe gegen Schrumpelwürste (S. 171).

# Holz, Feuer und Raucharomen

Gerade der Rauchgeschmack unterscheidet das Grillen von anderen Zubereitungsmethoden. Rauch hat vor allem zwei Funktionen: Er gibt Geschmack, und er konserviert. Aber: Rauch ist nicht gleich Rauch. Der beste Rauch ist bläulich und kaum sichtbar. Alles andere ist Qualm. Guter Rauch entsteht, wenn Holz in der sauerstoffarmen Umgebung eines geschlossenen Grills (Kugelgrill, Smoker) verglimmt.

Die Intensität des Geschmacks hängt auch vom Grillgut ab. Braten, Spare Ribs oder Hamburger nehmen beispielsweise den Rauchgeschmack wesentlich besser auf als ganze Hähnchen, Wurst oder Brot. Und auch die Garzeit ist wichtig. Weil ein ganzer Truthahn locker 6 bis 8 Stunden im Smoker zubringt, ist für ihn die Auswahl des richtigen Holzes wesentlich entscheidender, als bei Würstchen, die nur 5 bis 20 Minuten auf dem Grill verbringen.

| Holzsorte | Rauch-Charakteristik | Besonders geeignet für: |
|---|---|---|
| Apfel | Leicht süß und fruchtig (aber natürlich nicht nach Äpfeln); sehr vielseitig verwendbar. Das beliebteste Obstholz für BBQer. | Schwein, Geflügel, Fisch (insbes. Lachs), Gemüse. In USA für Bacon und Schinken verbreitet. |
| Buche | Das typische Aroma, wie man es hierzulande von Räucherfisch und vielen Wurst- und Schinkenspezialitäten kennt. | Alle Fleischsorten, Fisch, Gemüse. |
| Eiche | Kräftiges Raucharoma, das aber nicht „überpowert", Chili-Fans kennen die Geschmacksnote von Pimentón de la Vera – die hierfür verwendeten rot-gereiften Jalapeños werden traditionell mit Eiche geräuchert. | Rind, Lamm, Wurst, Gemüse, Chili (auch milde Sorten). |
| Kirsche | Leicht süß und fruchtig; etwas schwerer als Apfelholz, dennoch eher mild. | Alle Fleischsorten (besonders helle Sorten wie Schwein, Kalb, Geflügel), Fisch. |
| Pecan | Nussig und süß, ähnlich Hickory-Holz, aber nicht ganz so kräftig, daher weniger Gefahr, dass das Raucharoma zu streng wird. | Lamm, Schwein, Pute, Fisch. |
| Walnuss | Nussig und süß. | Dunkles Fleisch (Rind, Bison, Wild, Strauß). |
| Whiskey-Fass (gebraucht) | Kräftig (meist Eiche), mit erkennbarer Whiskey-Note. | Alle Fleischsorten. |
| Zitrus | Scharf mit erkennbarer Zitrusnote. | Schwein, Geflügel, Fisch, Wildgeflügel. |

### DIE RICHTIGE TECHNIK

**Das Gute am Grillen ist: Man braucht nicht für alles ein Rezept.** Aber man muss wissen, wie sich bestimmte Lebensmittel auf dem Grill verhalten, welche Temperaturen sie vertragen und wie man die besten Ergebnisse erzielt. Hier also die wichtigsten „Grillgüter" im Überblick und mit allen Fakten, die fürs Freestyle-Grillen wichtig sind. Alle Kerntemperaturen finden Sie auf Seite 218.

Und noch ein Tipp für die Planung: Die besten Stücke immer für den Schluss aufbewahren. Denn auch eine Grillparty braucht ein großes Finale. Achten aber darauf, dass vorher nicht schon alle satt sind.

### FLEISCH

**Grillen Sie lieber größere Stücke als kleinere,** um den Garpunkt besser bestimmen zu können. Rechnen Sie pro erwachsenem Esser mit 250 bis 300 g Fleisch. Nach dem Grillen sollte Fleisch 10 Minuten ruhen, am besten eingewickelt (aber nicht komplett verschlossen) in Alufolie. So können sich die Fleischsäfte optimal im gegrillten Stück verteilen. Beim Tranchieren schneiden Sie immer quer zum Faserverlauf (siehe auch S. 199). Das Fleisch lässt sich dann nicht nur besser essen, es wirkt auch zarter.

### GEFLÜGEL

**Geflügel hat unterschiedliche Kerntemperaturen für die verschiedenen Fleischteile.** Eine Hähnchenbrust ist bereits mit etwa 72 °C gar, die Keulen sollten zwischen 80 und 85 °C haben. Das Fleisch an den Keulen ist fettreicher und zudem am dicksten. Für ganze Vögel brauchen Sie einen Grill mit Deckel, in dem das Fleisch schonend garen kann – ein zerlegtes Tier dagegen lässt sich Stück für Stück perfekt grillen. Geflügelhaut braucht, um knusprig zu werden, Temperaturen über 200 °C. An Teile mit Haut gehört daher kein Zucker, der karamellisiert schon bei ca. 180 °C!

### FISCH

**Bei Fisch rechnen Sie mit 200 bis 280 g netto pro Person.** Wenn Sie ganze Fische grillen, müssen Sie Kopf, Haut und Gräten als Putzverlust mit einkalkulieren. Eine Forelle von 450 g reicht also etwa für eine Person.

Stellen Sie ganze Fische der Länge nach aufgeschnitten auf dem Grill auf eine halbierte Kartoffel oder eine Zitronenspalte. So verhindern Sie, dass die Haut am Rost klebt. Filets werden grundsätzlich auf der Hautseite gebraten. Die Kerntemperatur für garen Fisch liegt zwischen 60 und 65 °C.

### GEMÜSE

**Gemüse wird am besten in mundgerechten Stücken** auf Spießen oder in Schalen gegrillt, manche Sorten kann man auch in Alufolie gewickelt direkt in die Glut legen. Planen Sie unterschiedliche Garzeiten ein – Paprika brauchen etwa 15 Minuten, ganze Kartoffeln bis zu 45 Minuten. Viele Sorten kann man vorkochen oder blanchieren, z. B. Blumenkohl, Brokkoli oder Rosenkohl. Dazu das Kochwasser leicht übersalzen – beim Abschrecken wird das Salz wieder abgewaschen. Rohes (unblanchiertes) Gemüse erst nach dem Grillen salzen!

### SPIESSE

**Zum Grillen können Sie Holz- und Metallspieße verwenden.** Holzspieße müssen immer mindestens eine halbe Stunde vor dem Grillen in Wasser eingelegt werden, damit sie auf dem Rost nicht verbrennen. Zusätzlich können Sie die Enden der Spieße mit Alufolie umwickeln. Holzspieße eignen sich für kleine Häppchen mit kurzer Garzeit, für größere (Fleisch-) Stücke nehmen Sie besser Metallspieße. Auf flachen statt runden Spießen lässt sich das Fleisch leichter wenden und rutscht nicht so leicht runter.

# OBEN OHNE?

**SO SIND WIR ES GEWOHNT**: Flachgrill an, Fleisch direkt über die Glut, fertig!

Ohne Deckel gibt's nur Kurzgebratenes. Dafür braucht man **MUSKELFLEISCH** (Filet): Auf die Dauer ist das teuer und langweilig.

Damit das Grillgut direkt auf der Glut nicht anbrennt, muss es **PERMANENT** gewendet werden. Eine Minute nicht aufgepasst, und es ist doch passiert! Stress beim Grillen pur.

## BESSER NICHT!

Niemals Kohle nachlegen oder versuchen, die Glut anzufachen, wenn das Essen auf dem Grill liegt. Das gibt nur miesen Beigeschmack und noch mehr Asche.

**DÜNNE STEAKS, BAUCH, WÜRSTCHEN** – das geht problemlos ohne Deckel. Dickere, geschmackvolle Fleischstücke, die länger brauchen, werden ohne Deckel nicht gar. Sie verbrennen unweigerlich, bleiben innen roh. Zudem entweicht die Hitze, wo kein Grillgut liegt, völlig wirkungslos. Nachteil drei: Wind kann Asche aufwirbeln und die klebt dann am Grillgut. Nicht lecker und ungesund.

# GANZ VERSCHLOSSEN!

**EIN GRILL MIT DECKEL** ist viel besser, eröffnet vollkommen neue Welten und ermöglicht echtes BBQ.

Auch beim direkten Grillen hilft ein **DECKEL**. Die Hitzeunterschiede zwischen Unterseite und Oberseite des Grillguts sind viel geringer.

Gleichmäßige Hitze ermöglicht geringere Temperaturen, geringere Temperaturen bedeuten längere Garzeiten, längere Garzeiten ermöglichen **LECKERE, SAFTIGE** Braten und dicke Stücke.

BBQ, also Barbecue, ist per definitionem das Garen im Temperaturbereich zwischen 90 und 110 °C in einem geschlossenen Grill. Noch **STILECHTER** als im Kugelgrill geht das in einem Smoker.

**DER DECKEL AUF DEM GRILL** verteilt die Hitze im ganzen Garraum – das Prinzip ähnelt dem eines Backofens. Legen Sie Ihr Grillgut abseits der Kohle auf den Rost und fangen Sie wertvollen Bratensaft auf (siehe S. 97). Nun können Sie sich auch an große Stücke wagen und haben genug Zeit, sich um Ihre Gäste zu kümmern, während das Fleisch langsam gar wird.

# GUT GLUT?

**EINE SCHÖNE GLUT IST … EIN NETTER ANFANG.**
Aber kein Mensch braucht Höllenfeuer im gesamten Grill.

Fleisch verbrennt und keine Grillzone eingerichtet? **PECH GEHABT.** Wo soll das Fleisch jetzt fertig garen?

Über 400 °C von unten, hunderte Grad weniger an der Oberseite: Große Stücke kriegen Sie so nicht gar, ohne dass die **OBERFLÄCHE VERBRENNT** und das Fleisch zäh wird: Wärmeleitung braucht Zeit. Ist das Fleisch innen gerade gar, hat es bei so großer Hitze außen die besten Zeiten schon hinter sich.

**DIREKTES GRILLEN** über glühender Kohle ist selten der Weg zur perfekten Zubereitung. Unerfahrene Griller freuen sich, wenn unter dem gesamten Rost ordentlich Hitze herrscht, vergessen aber, dass man einen Kohlegrill nicht per Drehschalter regulieren kann. Hier ist also mitdenken angesagt: Man braucht verschiedene Temperaturzonen, besonders beim indirekten Grillen, aber nicht nur da.

# GRILLZONEN!

**UNTERSCHIEDLICHE TEMPERATURZONEN** sind das Geheimnis eines guten Grillmeisters.

Durch die **VERTEILUNG** der Kohlen richten Sie Grillzonen ein. Mehr Kohlen sorgen – gar nicht erstaunlich – für mehr Temperatur. Beim Gasgrill erreicht man Grillzonen durch die unterschiedliche Steuerung der Brenner.

Mit den verschiedenen Grillzonen und ihren unterschiedlichen Temperaturen kann man gleichzeitig eine **GROSSE VIELFALT** an Grillgerichten garen, z. B. gleichzeitig eine Vorspeise, ein Hauptgericht samt Beilage und ein Dessert.

**PROFI-TIPP**
Ideal sind 3 Grillzonen: eine heiße mit über 200 °C, eine Zone mit mittlerer Temperatur und eine Zone ohne Kohlen unter dem Rost.

**ERST DURCH UNTERSCHIEDLICHE GRILLZONEN** hat man in einem geschlossenen Grill verschiedene und kontrollierte Temperaturen. Anders als man denkt: Ein Steak kann auch zuerst knapp unter die gewünschte Kerntemperatur gebracht werden und erhält erst danach seine Brandings für die Röstaromen. Währenddessen garen ein Braten oder Ribs langsam in einer relativ kühlen Grillzone.

# AUF 180?

**STEHEN SIE AM GRILL** oder sind Sie auf der Flucht?

Stress! Haben wir Stress, steigen Blutdruck und Puls, Hormone werden ausgeschüttet und in unserem Kopf beginnt ein Wettkampf um unsere begrenzten intellektuellen Ressourcen – und sei es nur, um **DAS VERBRENNEN** des Schweinenackens zu verhindern. Für andere bei einem Grillfest wichtige Dinge wie ein unterhaltsamer Gastgeber zu sein, Essen zu genießen und den Gästen zuzuhören, fehlen dann die geistigen Kapazitäten.

Hungrige Gäste, die stressen? Eine schnelle Wurst ganz am Anfang nimmt den ersten **HUNGER** und ist der perfekte Einstieg in ein Grillmenü. Und dann ganz ruhig bleiben: Eins nach dem anderen servieren. Zuviel Verschiedenes auf einmal auf dem Rost sorgt nur für Stress.

**„DEUTSCHES" GRILLEN IST** oft hektisch: Den offenen Grill schnell angefeuert, über noch brennendem Anzünder die fertig mariniert gekauften Bauchscheiben gegrillt und das Ganze bei Flammenbildung mit Bier abgelöscht, dazu Tiefkühl-Kräuterbaguette aus dem Discounter: Das hat mit echtem Grillen nichts zu tun, schmeckt nicht und geht amerikanisch viel besser.

# ENTSPANNTES BBQ!

**THE AMERICAN WAY** – hier ist der Weg das Ziel, und der Grillmeister hat Spaß mit seinen Gästen.

Mit einem eingebauten Thermometer am Grill behalten Sie die Übersicht.

Ist ein Gang fertig und auf den Tellern der Gäste, kann während des Essens **GLEICH DER NÄCHSTE** auf den Rost. So dauert ein entspanntes BBQ gerne etwas länger und die Gäste fangen nicht an zu Schlingen.

Viele Frauen mögen Grillfeste nicht, weil es zu hektisch ist und ihnen die „Gerichte" (sprich: Würstchen und Steaks) zu langweilig und einfallslos sind. Mit der amerikanischen Grillkultur sind beide Probleme behoben: Nun heißt es, entspannt die **GROSSE VIELFALT** zu genießen.

**„BBQ": DIESER BEGRIFF STEHT** im amerikanischen Englisch nicht nur für den Grill an sich, sondern auch für eine ganze Grillkultur, die anders als die unsrige ist. Dabei geht es gemütlich zu, bei geschlossenem Deckel wird oft stundenlang indirekt gegart, was unvergleichlich zarte und saftige Ergebnisse zur Folge hat. Währenddessen braucht das Grillgut kaum Beachtung. Entspannung pur!

## PERFEKT!

Der Beefgeschmack konzentriert sich bei dieser Zubereitung und harmoniert wunderbar mit den Gewürzen. Zudem wird die Rinderbrust unglaublich zart und lässt sich gut mit BBQ-Saucen glasieren.

# GRILLEN IN NORDAMERIKA

Vieles, was für uns heute ganz selbstverständlich zum Grillen gehört, hat seinen Ursprung in Nordamerika. Das fängt schon beim Grill an sich an: Den ersten Kugelgrill baute George Stephen im Jahr 1952 in den USA aus einer Boje, weil es ihn störte, dass bei den bis dahin gebräuchlichen gemauerten Grills Asche aufwirbelte, wenn es windig war.

Auch Smoker kommen aus Nordamerika. Sie sind ein wesentlicher Bestandteil des klassischen BBQ, das dort regelrecht zelebriert wird: als Freizeitspaß oder Wochenends- und Feiertagsritual. Fleischstücke wie eine Rinderbrust, die bei uns wohl eher Suppenfleisch werden würde, garen dabei stundenlang, wobei ihnen Hickory- oder andere Räucherhölzer ein einzigartiges Aroma verleihen. So wird daraus eine unglaublich zarte, klassische BBQ-Delikatesse: das Beef Brisket.

Übrigens werden auch in den USA Fisch und Meeresfrüchte vom Grill immer beliebter – doch an den amerikanischen Klassikern Steak, Burger und Hot Dog wird wohl vorerst kein Vorbeikommen sein.

Statt öliger Marinaden kommen in Nordamerika oft **Rubs** zum Einsatz, also **trockene Würzmischungen, mit denen das Grillgut gründlich eingerieben wird**. Für kurzes Grillen eignen sich fein gemahlene Zutaten, bei langen Garzeiten sollten die Gewürze gröber bleiben.

## BEEF BRISKET

1 küchenfertige Rinderbrust (ca. 2 bis 3 kg) mit mindestens ½ cm Fettschicht

**Für die Würzmischung (Rub):**

*1 EL grobes Salz,*

*2 EL brauner Zucker,*

*2 TL Cayennepfeffer,*

*2 EL Chilipulver*

*150 g Butter*

*Holz zum Räuchern.*

Die Gewürze in einer Schüssel mischen, das Fleisch sorgfältig damit einreiben und **24 Stunden abgedeckt in den Kühlschrank** stellen. Am nächsten Tag den Kugelgrill oder Smoker auf eine Garraumtemperatur von 110 bis 120 °C vorheizen, das Fleisch auflegen und indirekt grillen. Etwas Holz in die Glut geben, um das typische Raucharoma zu erzeugen (siehe S. 131). Fleisch zwischendurch einige Male **mit flüssiger Butter bestreichen**. Bei einer Kerntemperatur von 85 °C ist das Fleisch gar, bis dahin kann es jedoch, abhängig von der Größe des Stückes, **12 oder mehr Stunden** dauern. Anschließend das Fleisch ca. 20 Minuten ruhen lassen. Dann quer zur Faser in dünne Scheiben schneiden und mit weiterer flüssigen Butter bestreichen.

# SCHWINDELIG DREHEN?

**SIE MÜSSEN STÄNDIG WENDEN?** Dann stimmt mit dem Setup Ihres Grills etwas nicht. Und Wenden hilft noch nicht einmal …

Viele Freizeitgriller schwören auf den sogenannten Grillhaken. Der dient dem Saarländer zum Wenden von Fleischbergen auf dem Schwenkgrill. Für Normalgriller ist er denkbar ungeeignet. Mit seiner Spitze wird beim Wenden die Oberfläche des Fleisches beschädigt, **FLEISCHSAFT TRITT AUS**, das Stück wird trocken. Bei Fleisch mit dickem Fettrand funktioniert's aber.

Wird es zu heiß, läuft die Maillard-Reaktion aus dem Ruder: das Fleisch wird schnell schwarz. Der eigentliche Garprozess dagegen ist noch gar nicht in Gang gekommen. Trotzdem müssen Sie jetzt wenden. Auch die andere Seite wird schwarz. Sie müssen wieder wenden. Jetzt kommt das Problem: Während der **VERKOHLUNGSPROZESS** auf der schon einmal angebräunten Oberfläche nun sofort weitergeht, wird der eigentliche Garprozess wieder keine Tiefenwirkung entfalten. Wie Sie es auch wenden: Zu viel Hitze bringt es nicht.

**ZU VIEL HITZE BEDEUTET FRUST**, denn dann stehen sich beim Grillen zwei chemische Reaktionen im Weg, die sonst wunderbar zusammenpassen: Die oberflächliche Maillard-Reaktion (Bräunung des Fleisches) und der eigentliche Garprozess, die Denaturierung der Fleisch- oder Fischproteine, der das ganze Fleisch erfassen und tiefer wirken muss und deswegen Zeit braucht.

# GEKONNT WENDEN!

**IN DER RUHE LIEGT DIE KRAFT** – und das gleichmäßige Garen. Könner wenden ihr Grillgut nur äußerst sparsam.

Immer eine Niedrigtemperaturzone einrichten, in der Fleisch, Fisch und Gemüse **IN RUHE** garen können! Übung und Erfahrung machen hier den Meister. Je weniger Hitze, umso seltener müssen Sie wenden.

Absolutes MUST-HAVE

Verwenden Sie eine möglichst lange Zange. Es **IST ENTSPANNTER**, ein paar Zentimeter zurückzugehen, als mit der Hand oder dem Arm schon über dem Grill zu sein, wenn man das hintere Grillgut wenden möchte.

**ZUM BEISPIEL EIN STEAK:** Grillkönnern gelingt es perfekt mit nur einem einzigen Wenden. Natürlich mit der Zange (siehe S. 85) und bei indirektem Grillen bzw. bei einem Grill mit Deckel, denn sonst ist die Hitze zu groß. Übrigens sind Grillzangen mit schmalen Greifbacken am besten geeignet, da sie das Grillgut nicht so stark eindrücken wie runde Greifbacken.

# EKLIGER QUALM?

**WENN ES HEFTIG** qualmt und übel riecht, läuft irgendetwas falsch.

Holzkohlebriketts immer erst vollständig durchglühen lassen. Im **QUALM** befinden sich auch Rückstände von verbrennendem Bindemittel und die schmecken nicht gut auf dem Fleisch.

## ACHTUNG!
Auch Anzünder können Qualm verursachen. Wir empfehlen ökologische Anzünder, die in dieser Hinsicht wenig Ärger machen (siehe S. 100 f).

Feuchte Kohle, nasses Holz und verbrennendes Öl **VERNEBELN** Garten und Terrasse. Auch Nachbarn stören sich meist nicht am Grillen an sich, eher am toxischen Rauch von Grillanfängern.

**WÜRZIGES RAUCHAROMA ENTSTEHT** nicht durch feuchtes Brennmaterial oder verbrennende Marinade. Ganz im Gegenteil: Dicker, ekliger Qualm ist ungesund und verdirbt den Geschmack des Grillguts. Wenn Fett und Öl auf die glühende Kohle tropfen, entstehen krebserregende polyzyklische, aromatische Kohlenwasserstoffe, die sich durch den Qualm auf das Grillgut legen.

# WÜRZIGER RAUCH!

**RAUCH GEHÖRT ZUM GRILLEN** – allerdings nur der richtige, bläuliche, duftende.

Fisch, Meeresfrüchte und helles Fleisch lassen sich mit einem **ROSMARINZWEIG** auf dem Grillrost oder direkt auf der Glut sehr angenehm aromatisieren.

Für BBQ-Hölzer oder -Späne wird manchmal empfohlen, sie vor der Verwendung zu **WÄSSERN**. Das erhöht die Feuchtigkeit und verringert den Brennwert, das Holz brennt oder glimmt dann länger. Sinnvoll ist das aber nur bei Holzplanken, auf denen das Grillgut gegart wird. Bei Räucherspänen, die Aroma abgeben sollen, ist das Wässern kontraproduktiv.

Auch bei der Zugabe von Holz ist weniger oft mehr. Überlegen Sie vorher, ob Sie stark räuchern (smoken) oder nur leicht **AROMATISIEREN** möchten. Beginnen Sie mit kleinen Zugaben von Holz und steigern Sie dann nach Bedarf.

**DIE ZUGABE VON** kleinen Holzstücken oder -chips sorgt für würziges Aroma beim Essen und angenehmen Geruch beim Grillen. Verwenden Sie dazu nur absolut trockene, unbehandelte Hölzer ohne Chemie und Lasur. Alte Möbel und Zaunlatten haben auf dem Grill nichts verloren! Spezielles Räucherholz in 1-kg-Beuteln gibt es im Grillfachhandel, in Baumärkten oder im Internet.

# SCHUHSOHLE?

**TROCKEN, ZÄH, VERBRANNT:** Falsches Grillen verdirbt auch das beste Fleisch.

Kandidat für Schuhsohle: Schweinerückensteak ist **TROCKEN** und wird oft noch trockener. Kann man essen, muss man aber nicht. Bessere Alternative: Schweinenackensteak. Perfekt gegrillt ein Gedicht — und preiswert.

Gutes Fleisch (S. 14 ff), Temperaturzonen (S. 123) und Grill mit Deckel (S. 121) **VERHINDERN** das Schlimmste.

## BESSER NICHT!
Wenden Sie Steaks niemals mit einer Gabel! Die Fasern werden angepiekst, die Säfte treten aus.

**MUSKELFLEISCH BINDET VIEL WASSER**. Wird es heiß, schrumpfen die Muskelfasern und die Feuchtigkeit wird wie aus einem nassen Handtuch ausgewrungen. Ab 62 °C wird es kritisch. Braten, die sich fürs BBQ eignen, machen diesen Effekt paradoxerweise durch ihre sehnige Struktur wett. Eiweiße schmelzen langsam zu Gelatine und geben ein saftiges Gefühl im Mund, trotz Wasserverlust.

# SAFTIGES STEAK!

**SAFTIG, ZART, MIT SCHÖNEM BRANDING.**
Das Fleisch schmeckt nach Fleisch und nicht nach Grillkohle.

Das Steak mindestens eine halbe Stunde vor dem Grillen **AUS DER KÜHLUNG** nehmen, dann ist der Temperaturschock nicht so groß.

**UNSERE LIEBLINGS-STEAKS S. 19**

## PERFEKT!

Nach dem Grillen mindestens 5 Minuten ruhen lassen, damit sich die Säfte verteilen können. Das bringt den letzten Kick Geschmack und Zartheit.

**DER GESCHMACK BLEIBT DRIN!** Das Steak leicht einölen und vor dem Grillen mit grobem Meersalz bestreuen – das bindet den wenigen austretenden Saft und sorgt für eine wohlschmeckende Kruste.

Etwa 1 bis 1½ Minuten auf jeder Seite direkt über der Glut reichen aus, um den Fleischsaft zu karamellisieren. Danach neben der Glut bis zum gewünschten Gargrad fertig grillen.

# DAS PERFEKTE STEAK

**IST DAS NOCH GRILLEN ODER IST DAS SCHON KUNST?** Ein perfektes
Rindersteak gelingt nicht einfach so. Qualität, Geduld und
Übung machen hier den (Grill-)Meister.

**RINDFLEISCH VER-ZEIHT KEINE** Fehler und ist viel zu teuer für unsinnige Experimente. Deshalb sollten Sie es zunächst einmal mit unserer Anleitung versuchen. Da die Grillzeit bei Steaks eher kurz ist, ist es selbst mit der Anleitung nicht ganz einfach, den Garpunkt korrekt zu treffen. Und wer meint, ein Steak auf die Schnelle über heißer Glut hinzubekommen, wird den perfekten Gargrad nur mit einer großen Portion Glück erreichen. Wo der liegt, hängt von Ihnen ab: Mögen Sie es lieber blutig, zartrosa, durch oder sogar ganz durch? Richtig oder falsch gibt es dabei nicht.

## PROFI-TIPP

Üben Sie zunächst mit Steaks mit mehr Fett, wie dem hier abgebildeten T-Bone-Steak, oder einem Ribeye. Sehr mageres Fleisch wie Rinderfilet wird deutlich schneller zäh und trocken, wenn man den Garpunkt verpasst.

**DICK MUSS ES SEIN,** mindestens 3 bis 4 cm. Und nicht zu kalt! Nehmen Sie es also früh genug aus dem Kühlschrank, es sollte vor dem Grillen etwa 30 Minuten bei Umgebungstemperatur lagern.

**BEIM ANGRILLEN GILT:** Je heißer, desto besser. Also unbedingt die Kohle vollständig durchglühen lassen, bevor Sie das Fleisch auflegen. Wichtig: Den Grillrost gut einölen, damit nichts anhaftet.

**ANS FLEISCH SOLL** erst mal nur Hitze und grobes Salz. Am besten eine halbe Stunde vorher salzen, das sorgt für eine tolle Kruste. Dann von jeder Seite 2 bis 3 Minuten direkt über der Glut angrillen.

**BRANDINGS,** also ein schönes Grillmuster für die Optik, gelingen Ihnen, wenn Sie das Steak nach etwa einer Minute um 90 Grad drehen. Diesen Vorgang auf beiden Seiten durchführen.

**JETZT WIRD INDIREKT** neben der Glut weiter gegart. Das klappt nur bei einem Grill mit Deckel, da
dieser einen Umlufteffekt hat. Lüftung zu! Die
Temperatur sinkt nach kurzer Zeit auf 100–120 °C.

**DIE KERNTEMPERATUR** ermitteln Sie am besten
mit einem Thermometer oder mit der Daumen-
methode (S. 139). Bei 54 °C ist es noch blutig, bei
54 bis 57 °C medium und ab 62 °C well done.

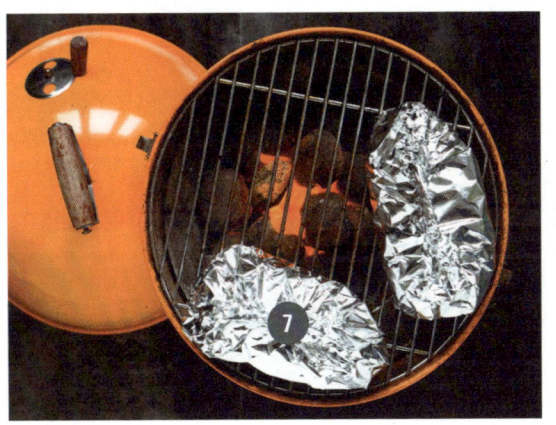

**DAS STEAK IN ALUFOLIE** einwickeln (am besten
etwas offen lassen) und am Grillrand bei offenem
Deckel oder außerhalb ruhen lassen. So verteilen
sich die Fleischsäfte gleichmäßig im Steak.

**NICHT KRÄUTERBUTTER** und Ketchup, sondern
nur frisch gemahlenen schwarzen Pfeffer und vielleicht noch etwas grobes Meersalz braucht es, um
den Fleischgeschmack perfekt zu betonen.

# ANSCHNEIDEN?

**GENAUSO FALSCH WIE** das Wenden mit der Gabel – und genauso vermeidbar.

Hier merkt man: Wer nach der Uhr grillt, kann **NICHT INS FLEISCH SCHAUEN**. Mit einem Thermometer geht das in gewisser Weise schon.

Besonders schlecht: anschneiden auf dem Grill. So tropft der Fleischsaft **IN DIE ASCHE** und wirbelt sie auf.

**BESSER NICHT!**
Noch ein unangenehmer Effekt des Anschneidens: Damit outen Sie sich vor versammelter Mannschaft als absoluter Grillanfänger!

**NATÜRLICH KANN SELBST DER** beste Griller nicht ins Fleisch hineinschauen. Aber deshalb muss man es ja nicht gleich mit dem Messer traktieren – denn dann passiert dasselbe wie beim Wenden mit einer Gabel (S. 84): Die Oberfläche wird zerstört, der Fleischsaft läuft aus und das Steak vertrocknet. Ganz abgesehen davon, dass vernarbtes Fleisch nicht besonders gut aussieht.

# FÜHLEN!

**ECHTE KÖNNER** machen es mit Gefühl.

Mit ein wenig Erfahrung ersetzt der **ZEIGEFINGER** das Messer. Alternativ leistet ein Einsteckthermometer mit dünner Spitze hervorragende Dienste (siehe S. 87) – das ist natürlich noch genauer als der Finger.

Sie vertrauen der Handmethode nicht? **ALTERNATIV** drücken Sie mit dem Finger auf Ihre Nasenspitze. Fühlt sich ihr Steak so an, ist es medium; Oberlippe ist noch fast roh, Stirn bedeutet „well done". So einfach ist das.

**PROFI-TIPP**
Hinten im Buch auf Seite 218f finden Sie alle wichtigen Kerntemperaturen, denn das Fühlen funktioniert nur bei Steaks!

**SO PRÜFEN SIE DEN GARGRAD** von Fleisch mit der Hand: Strecken Sie die Hand aus und lassen den Daumen locker nach unten zeigen. Drücken Sie auf die Stelle zwischen Daumen und Zeigefinger: So fühlt das Steak sich an, wenn es rare ist. Halten Sie Daumen und Zeigefinger in einer Ebene, dann spüren Sie, wie sich das Fleisch medium anfühlt. Für well done den Daumen nach oben spreizen.

# DÜNN UND ZÄH?

**NICHTS GEGEN SPARSAMKEIT.** Aber wer Steaks grillen will, sollte nicht an der Dicke sparen.

Ein gutes 400-g-Steak, das nicht zu dünn ist, **KOSTET** gerne mal 20 Euro. Mit Bulgogi (rechte Seite) brauchen Sie nur rund 150 g Fleisch (am besten Hüfte oder Roastbeef) pro Person. So geht Sparsamkeit ohne Geiz …

## ACHTUNG!

Dünnes, mageres Fleisch ist das Schlimmste, was Ihnen und Ihren Gästen beim Grillen passieren kann.

**SPARSAME GRILLER** lassen sich ihre Rindersteaks extra dünn schneiden. Doch es ist schwierig, daraus auf dem Grill etwas anderes zu machen als zähe Schuhsohlen. Vor allem, wenn vor dem Grillen gesalzen wurde – normalerweise genau richtig für eine tolle Kruste, bei den dünnen Scheibchen leider kontraproduktiv. Wem 4-cm-Steaks dennoch zu dick sind, der braucht eine Alternative.

# BULGOGI!

**WER GÄSTEN STEAKS SERVIEREN,** sich aber nicht ruinieren möchte, hat mit Bulgogi eine leckere Alternative zum großen Fleischstück.

Wenn jeder Gast sein Bulgogi selbst grillen darf, brauchen Sie hierfür mehrere (Grill-)**ZANGEN**. Für diesen Zweck gibt es für wenige Euro Bambus-Modelle im Asialaden. Richten Sie Grillgut und Dips als Büffet an.

Besser als in manchem Restaurant: Echtes Bulgogi wird über **HOLZKOHLENGLUT** gegrillt. Viele Restaurants, selbst in Korea, nutzen heute aber Gasbrenner und Pfannen. Da kommt keine Stimmung auf. Setzen Sie sich stattdessen mit Ihren Gästen rund um einen Grill, jeder bekommt eine Zone des Rosts, um sein Bulgogi-Fleisch zu grillen. Mit einem kleinen Elektrogrill geht es auch direkt auf dem Tisch.

**QUICK SHOT!
GEGRILLT IN
30 SEKUNDEN**

**DIESES GERICHT AUS DER** koreanischen Küche wird Ihre Gäste überraschen: Am Vorabend in Sojasauce, Sesamöl, Pfeffer, Knoblauch und Frühlingszwiebeln marinierte, dünne Rindfleischscheiben werden ganz kurz auf dem heißen Rost gegrillt. Dazu ein würziger oder süßsaurer Dip, das Ganze eingerollt in ein Salatblatt: Fertig ist ein außergewöhnliches Fleischgericht.

So macht
man fernöstliche
**ERDNUSSSAUCE**: 3 EL
braunen Zucker in einem Topf
leicht karamellisieren, mit 2 EL Reis-
essig ablöschen. ½ gehackte Chilischote und 250 ml Kokosmilch dazu, 10 Minuten köcheln lassen.
Nach und nach 250 g Erdnussbutter dazugeben und gut
verrühren.

**MADURA-SATÉ**:
200 g Hühnerfleisch in Stücke
schneiden und auf vier Spieße stecken. 40 g Erdnüsse ohne Öl in der Pfanne aromatisch rösten, dann im Mörser zer-
stampfen. Das Erdnusspulver mit 10 EL Kejap
Manis und 20 g braunem Zucker zu einer Würz-
paste verarbeiten. 2 EL Paste mit 2 EL Ketjap
und 2 EL Erdnussöl mischen und die Spieße
darin 2 Stunden einlegen. 20 Minuten bei
160 °C indirekt grillen. Die restliche Paste
für eine Sauce mit 100 ml Wasser
aufkochen und etwas redu-
zieren lassen.

# GRILLEN IN ASIEN

Offene Garküchen mit Holzkohlegrill sind ein fester Bestandteil des Straßenbilds in allen asiatischen Ländern. Typisch für sie sind Grillspieße in vielen verschiedenen Variationen. Allgemein kommen in Asien vor allem frische, leichte Gerichte auf die Glut, mal scharf, mal süßsauer, mal fruchtig mariniert und gewürzt. In Südostasien werden häufig Zitronengras, Koriander, Chili und Curry verwendet, gerne in Kombination mit milder Kokosmilch.

Das Grillen hat in Asien eine lange Tradition: Der Keramikgrill, eines der ältesten Grillgeräte der Welt, stammt aus dem alten China, verbreitete sich später in Japan und fand nach dem Zweiten Weltkrieg den Weg in die USA, wo er zum vielseitigen Multifunktionsgrill weiterentwickelt wurde.

Für eine Grillparty im asiatischen Stil lohnt sich ein Besuch im Asialaden: Richten Sie kleine Snacks wie Wan Tans auf den typischen Porzellanlöffeln an, servieren Sie Bulgogi (siehe S. 141), dekorieren Sie Teller mit Bambussprossen und Lychees und schenken Sie asiatische Biere aus, die auch in ihren Herkunftsländern bei keinem Grillfest fehlen dürfen.

## SATÉ-SPIESSE MIT GARNELEN

**Für 4 Spieße:**

20 Garnelen (TK-Ware)
1 Zwiebel
2 – 3 Knoblauchzehen
2 TL geriebener Ingwer
1 EL Shrimppaste
1 – 2 EL Limettensaft
2 EL süße Sojasauce
100 ml Kokosmilch
1 TL Zucker
schwarzer Pfeffer, Salz
4 Holzspieße (20 cm)

Alle Zutaten außer den Garnelen (und den Holzspießen!) im Mixer zu einer glatten Paste verarbeiten, evtl. mit etwas Pflanzenöl verdünnen. Die aufgetauten Garnelen darin ca. 8 Stunden abgedeckt im Kühlschrank marinieren. Die Spieße wässern, den Grill auf 160 °C vorheizen. Pro Spieß 5 Garnelen aufstecken. 15 Minuten indirekt grillen. Dazu passt scharfe Sojasauce.

## VIETNAMESISCHE RINDFLEISCH-SPIESSE

**Für 4 Spieße:**

500 g Rindfleisch
2 Knoblauchzehen
2 TL geriebener Ingwer
1 EL Rohrzucker
1 EL Sojasauce
1 EL Limettensaft
2 TL Sesamöl
1 TL Koriandersamen, gemahlen
1 TL Kurkuma
1 TL Chilipulver
4 Holzspieße (20 cm)

Das Fleisch waschen, abtrocknen und in Würfel schneiden. Den Knoblauch fein hacken und mit den restlichen Zutaten gründlich mischen. Das Fleisch darin abgedeckt über Nacht im Kühlschrank marinieren lassen. Die Spieße wässern, das Fleisch aufspießen und ca. 2 bis 3 Minuten pro Seite direkt grillen.

# EXTREMES GRILLGUT

**ANDERE LÄNDER, ANDERE GRILLSITTEN:**
Kuriositäten von Grillrosten der ganzen Welt.

**HEUSCHRECKEN**
gibt es in Massen, sie sind sehr nahrhaft und proteinreich und schmecken leicht nussig. Nach dem Grillen wird den Tieren der Kopf abgezupft, dabei zieht sich der Darm mit aus dem Körper. Die Flügel und Hinterbeine müssen ebenfalls entfernt werden, denn an den Hinterbeinen befinden sich Widerhaken, die im Hals stecken bleiben könnten.

In einigen Kulturen werden auch gerne **TASCHENKREBSE** verspeist. Die müssen laut Gesetz in Deutschland in kochendem Wasser getötet werden. Auf einem Spieß gegrillt bleiben circa 20 % des Krebsgewichtes zum Verzehr übrig, denn nur das Fleisch der Scheren und Beine ist für uns wirklich genießbar. Man muss sie aufbrechen, um das Fleisch herausziehen zu können.

## PROFI-TIPP
Hört sich eindrucksvoll an: Krokodilfleisch ist auch bei uns erhältlich, schmackhaft und zart: eine Mischung aus Hühnchen und Fisch.

**ES MAG FÜR UNS**
befremdlich wirken,
was in anderen Län-
dern so alles über
den Grillrost gezogen
wird, aber vielleicht
sind für die dort le-
benden Menschen
unsere Nackensteaks
auch eine grausige
Vorstellung. Neben
Insekten und Kreb-
sen kommen auch
Skorpione, niedliche
Meerschweinchen
und Schlangen- und
Krokodilfleisch auf
den Grill. Sogar
Quallen lassen sich
schön knusprig rös-
ten, wenn man sie
vorher dehydrieren
lässt. Ob Sie etwas
davon selbst mal pro-
bieren möchten, sei
Ihnen überlassen…

# LECKER NITROSAMINE?

**PÖKELFLEISCH WIRD AUF** dem Grill zur Gefahr für die Gesundheit.

Kassler im Brotteig lässt sich sehr gut indirekt grillen. So umgeht man die **GESUNDHEITS-RISIKEN** und kann dafür etwas ganz Besonderes vom Grill präsentieren.

Rollen Sie einen Brotteig, am besten für Bauern- oder Graubrot, dünn aus und belegen ihn mit abgetropftem Sauerkraut, dabei einen Rand von etwa 3 cm lassen. Legen Sie mittig ein Stück **KASSLER BRATEN** auf und wickeln Sie es in den Teig ein. Bei ca. 180 °C indirekt gegrillt ist das bereits gegarte Fleisch schön durchgewärmt, sobald der Teig fertig ist.

**ACHTUNG!**
Wiener und Bockwurst haben auf dem Grill (oder in der Pfanne) nichts verloren.

**GERÄUCHERTES UND GEPÖKELTES FLEISCH** wie Kassler ist meist mit Nitritpökelsalz behandelt, um seine Haltbarkeit zu erhöhen. Bei starker direkter Hitze auf dem Grill reagiert allerdings das Nitrit aus dem Salz mit Eiweißstoffen im Fleisch. Dabei entstehen die als krebserregend geltenden Nitrosamine. Das gilt übrigens auch für Wiener- und Bockwürstchen sowie viele andere Räucherwaren.

# LECKER SAFTIG!

**RISIKOFREI UND VOLLER GESCHMACK.**
Nasspökeln steigert die Saftigkeit und das ist super zum Grillen!

Einlegen in Salzlake eignet sich besonders für fettarme Stücke, die sonst gerne trocken werden, wie Puten- oder Hähnchenbrust, **SCHWEINELACHS,** und viele Fischsorten, z. B. Lachs und Dorade. Das Fleisch nimmt zwar nur wenig Wasser auf, aber es gewinnt die Fähigkeit, das Wasser besser zu binden, und trocknet nicht so schnell aus wie nicht eingelegtes Fleisch.

Kräuter und Gewürze in der Lake bringen **EXTRA GESCHMACK,** der dank Osmose tief ins Fleisch einzieht. Anstatt Wasser eignen sich auch Fruchtsäfte als Basis für die Salzlake.

**PROFI-TIPP**
Im Gegensatz zum Pökeln wird bei dieser Methode die Haltbarkeit nicht verlängert, also gleich verbrauchen!

**EINLEGEN IN SALZLAKE** ist eine simple und verlässliche Möglichkeit, um Fleisch, Fisch und Geflügel geschmacklich nach vorne zu bringen und saftigeres Grillgut zu bekommen. Schon eine Stunde reicht aus: Legen Sie Fleisch oder Fisch einfach in eine Lake aus etwa 30 g Salz pro Liter Wasser ein. Sie können auch Wein, Bier oder Säfte nehmen. Aber: Fettes Fleisch ist trotzdem dankbarer zu Grillen.

# MIT BIER LÖSCHEN?

**WEIT VERBREITET UND DOCH SO FALSCH:** Die wohl ungesündeste Art, Bier zu verschwenden.

Löschen Sie Ihren Durst mit Bier, nicht die **FLAMMEN** auf dem Grill.

Auf der Glut wird das Bier zur Rauchbombe: Die aufsteigenden Schwaden **STINKEN** nicht nur eklig, sondern enthalten auch polyzyklische aromatische Kohlenwasserstoffe, die als krebserregend gelten.

Beim sogenannten Low + Slow-BBQ ist es absolut richtig, das stundenlang garende Grillgut mit Bier oder beispielsweise Apfelsaft zu **BESPRÜHEN**. Dafür benutzt man dann eine Zerstäuberflasche.

**ANSTATT FÜR** besseren Geschmack sorgt das verspritzte Bier vor allem für ascheverklebtes Fleisch. Das schmeckt nicht nur schlecht, sondern ist obendrein gesundheitsschädlich. Das Bier spült die Gewürze vom Grillgut und schreckt durch seine Kälte das Fleisch ab, so wird es zäh statt knusprig. Profis reagieren bei züngelnden Flammen ganz cool: Einfach das Grillgut zur Seite ziehen!

# MIT BIER MARINIEREN!

**WÜRZIGES BIERAROMA STATT ASCHEGESCHMACK:** Bringen Sie Bier und Fleisch schon vor dem Grillen zusammen.

**GENAUSO GUT**
Bier hilft auch, fertige Bratwürste frisch zu halten (S. 171). Am besten noch angegrillte Zwiebeln ins Bierbad geben!

**IDEAL für Einsteiger**

**DAZU PASST:**
**GERÖSTETES GRAUBROT**
**GESCHMORTE ZWIEBELN**
**EIN BIER**

**BIER IST EIN GUTER BEGLEITER** beim Grillen. Aber auch schon davor als Marinade: Scheiben vom Schweinekamm salzen und pfeffern, großzügig mit Senf bestreichen. Mit Zwiebelringen in einer Schüssel abwechselnd schichten und mit Bier aufgießen, bis alles bedeckt ist. 20 Stunden kühl stellen. Fleisch aus der Marinade nehmen, abtupfen und grillen. Und dazu am besten: ein kühles Bier.

# DAS PERFEKTE NACKENSTEAK

**NACKEN KANN WAS!** Die weit unterschätzten Standardstücke vom Schwein gehen auch ganz anders als vormariniert und zadderig.

Wer geschmackli-che Abwechslung will, kann seine Nackensteaks immer wieder unterschied-lich **MARINIEREN**. Tipp: Mit sauren Marinaden ma-chen Sie das Fleisch noch zarter (siehe S. 209).

Gehört als geschmackliche Berei-cherung – nicht zum Über-tünchen – unbedingt dazu: **PIKANTE GRILLSAUCE**, ein selbst veredelter Ket-chup (siehe S. 205) oder guter Senf.

## PROFI-TIPP
Fragen Sie den Metzger Ihres Vertrauens am besten nach Schweinefleisch der Handelsklasse E.

Servieren Sie Nackensteaks statt im gewohnten Brötchen doch mal in Streifen geschnitten und dann in einem **WRAP** gerollt.

**NACKENSTEAK WIRD LEIDER VIEL** zu oft als billige Massenware wahrgenommen. Doch es geht auch ganz anders: mit unserem ebenso einfachen wie perfekten Rezept für den deutschen Grillklassiker. Die Grundregel für ein perfektes Nackensteak lautet: Niemals Fett und Sehnen verwechseln. Ein reichlich mit Fettmarmorierungen durchzogenes Stück wird beim langsamen indirekten Grillen herrlich zart, ein mit Sehnen durchsetztes Stück kommt dagegen zäh vom Rost und lässt sich nur schwer kauen.

**SO SOLLTE EIN PERFEKTES STÜCK NACKEN** im Rohzustand aussehen: Schön marmoriert, da das Fett beim Grillen für besonders guten Geschmack sorgt.

**FERTIGWARE AUS DEM SUPERMARKT** ist oft kein Genuss: Ein sehniges, fades Steak, dessen mangelhafte Qualität unter einer dicken Marinadeschicht versteckt werden soll.

**ETWA 2,5 CM DICK SOLLTE IHR** Steak sein. Für Geschmack und Zartheit legen Sie es über Nacht – abgedeckt im Kühlschrank – schichtweise in rohe Zwiebeln ein.

**VOR DEM GRILLEN** die Zwiebelreste vom Fleisch abwischen, die Steaks leicht salzen – so werden sie auf dem Grill schön kross – und mit einer aufgeschnittenen Knoblauchzehe einreiben.

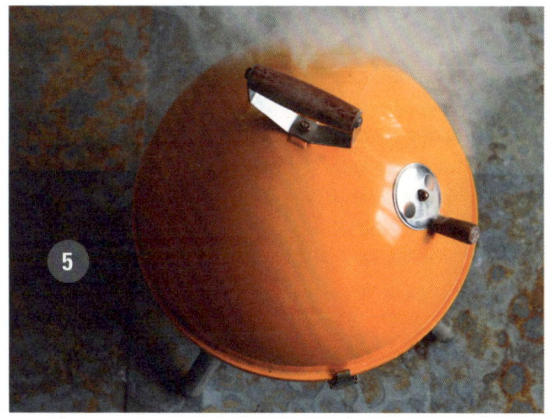

**DIE NACKENSTEAKS INDIREKT** bei etwa 180 °C grillen. Den Deckel dabei konsequent geschlossen halten. Denken Sie an die alte Grillerweisheit: When you are looking, you are not cooking!

**NACH ETWA 15 MINUTEN** sollten die Steaks gewendet werden. Natürlich mit der Zange und möglichst schnell, damit Sie den Deckel direkt wieder schließen können.

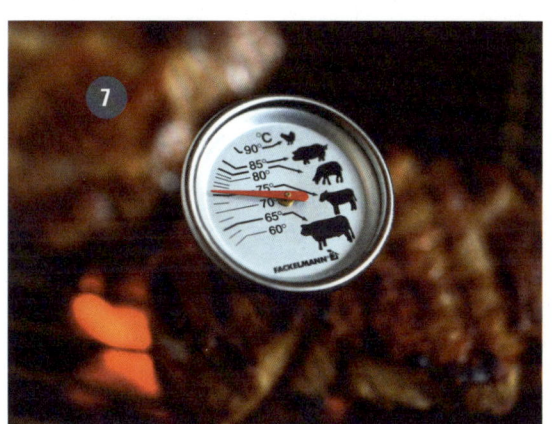

**HALTEN SIE DAS EINSTECKTHERMOMETER** bereit, um nach weiteren 15 Minuten den Gargrad zu überprüfen: Bei 70° bis 75 °C Kerntemperatur sind die Nackensteaks perfekt durchgegart.

**RUNTER VOM ROST** und die krossen Steaks nach Geschmack mit frischem Pfeffer oder anderen Gewürzen verfeinern. Ertränken Sie den guten Fleischgeschmack nicht in aromatisierter Sauce.

# NACHBARN ÄRGERN?

**QUALM, GERUCH UND LAUTE** Stimmen bis tief in die Nacht?
Das kann nerven und für mächtig Ärger sorgen.

Natürlich haben Sie sogar gesetzlich verankerte Rechte, ab und zu mal eine Grillparty zu veranstalten. Aber möchten Sie das wirklich während Ihrer Feier mit einem nörgelnden Nachbarn oder sogar der **POLIZEI** ausdiskutieren?

Worauf Sie ein Recht haben, dazu gibt es viele verschiedene **URTEILE**. Faustregel: So wenig Qualm wie möglich. Zweimal im Monat Grillen für jeweils zwei Stunden ist wahrscheinlich okay. Gar nicht mal viel, wenn man Profi werden will. Deswegen die Nachbarn unbedingt für sich gewinnen, dann ist auch mehr drin …

Beachten Sie zu diesem Thema auch die **TIPPS** auf den Seiten 28, 70 und 130.

**WO GEGRILLT WIRD, DA GIBT ES QUALM.** Vor allem, wenn die Kohle feucht ist oder die Marinade in die Glut tropft. Und laut wird es meist auch noch. Verständlich, dass Nachbarn sich davon gestört fühlen können – oder vielleicht auch einfach nur neidisch sind, weil sie nicht eingeladen wurden und nichts von Ihren leckeren Grillvariationen abbekommen haben.

# NACHBARN EINLADEN!

**WOHLGESINNTE NACHBARN** sind extrem wichtig. Dann kann man sich an ein richtig langes BBQ mit Grillzeiten von einem halben Tag wagen…

## PERFEKT!
Wer neben uns am Tisch sitzt, kann sich nicht im Garten nebenan ärgern.

### ZWEI ODER VIER ESSER MEHR
am Tisch machen beim Grillen meist nicht viel aus. Etwas Reservefleisch sollte man also immer im Haus haben. Gefrorene, flache Schweinesteaks lassen sich in einem Plastikbeutel ziemlich schnell im warmen Wasser auftauen. Dann erst mal indirekt garen, damit die Temperatur nur langsam im Fleisch ansteigt.

**BEIM GRILLEN LERNT MAN SICH** besser kennen und hat Spaß zusammen. Das gilt auch bei Nachbarn. Selbst wenn sie trotz Einladung nicht kommen, klagen sie vermutlich nicht über Qualm und Lärm. Und wenn Nachbars dann vor der Tür stehen, ist das vielleicht der Beginn einer wunderbaren Freundschaft. Beim nächsten Mal zeigt Ihnen Ihr Nachbar, was er selbst am Grill so drauf hat.

# BIERSCHÄDEL?

**BIER UND GRILLFLEISCH:** eigentlich ein wunderbares Paar. Aber wer sagt eigentlich, dass es nicht auch beim Grillen Abwechslung im Glas geben darf?

**PROFI-TIPP**

Wenn Sie auf Bier als Getränk verzichten, marinieren Sie doch stattdessen mal damit (siehe S. 149).

Ein erster Schritt zu mehr Abwechslung: Servieren Sie **UNTERSCHIEDLICHE** Biere – hell, dunkel, stark, alkoholfrei oder Marken aus aller Herren Länder.

Es geht auch **ALKOHOLFREI** – nicht nur beim Bier, auch bei Wein, Sekt und anderen beliebten Getränken.

**DIE MEISTEN MENSCHEN** halten es für selbstverständlich, in einem Restaurant zum Fleisch einen schönen Wein zu bestellen. Aber wenn der Grill angeworfen wird, gibt's meist nur eins: Bier, und zwar völlig unabhängig davon, was gerade auf dem Rost brutzelt. Klar, so ein kühles Blondes schmeckt auch fast immer, Grillwürste auch – trotzdem will man irgendwann mal was anderes.

# DURCHEINANDER TRINKEN!

**WEISSWEIN ZUM RIND,** Limo zum Fisch? Für viele undenkbar. Aber keine Sorge: Was wozu passt, entscheidet in erster Linie der eigene Geschmack.

Es ist sicher etwas ungewohnt, es sei denn man kommt aus dem Südwesten Deutschlands: **ROTWEINSCHORLE**. Einfach im Verhältnis 1:1 mit Mineralwasser mischen. Passt ideal auch zum Steak.

Zu einem Gemüsespieß passt **SOMMERFRÜCHTEBOWLE**. Dazu geben sie je 150 g Himbeeren und Kirschen sowie ein paar Basilikumblätter in eine Schüssel, bestreuen alles mit 2 EL Zucker und gießen 1 Flasche leichten Weißwein darüber. Kühl stellen. Vor dem Servieren 1 Flasche Sekt dazugeben.

Selbstgemachte **GRAPEFRUIT-LIMO** schmeckt lecker: Den Saft von 3 frisch gepressten Grapefruit, von 2 Zitronen und 75 g Zucker aufkochen, durch ein feines Sieb gießen, abkühlen lassen und kalt stellen. Direkt vor dem Servieren mit 800 ml eiskaltem Mineralwasser auffüllen. Für eine Cocktail-Variante passt auch ein Schluck Gin.

**GENAU WIE BEI DER AUSWAHL** Ihres Grillguts sollten Sie auch bei den Getränken offen für Neues sein: Also auch mal einen aromatischen Rotwein zum Rinderfilet kredenzen, vielleicht eine spritzige Weißweinschorle zum Gemüsespieß oder eine Sommerbowle als kühle Erfrischung. Lassen Sie sich dabei nicht von vermeintlichen Regeln beeinflussen: Erlaubt ist, was schmeckt!

CHAMPIGNONS MIT KÄSE-DOUBLE

FEURIGE BRUSCHETTA

TOMATEN-GARNELEN-SPIESS

GEFÜLLTE DATTELN MIT BACON

GEFÜLLTE TOMATEN

# NUMMER-SICHER-BEILAGEN

Schnell und leicht gemacht: Immer nur Kartoffel- oder Nudelsalat wird auf die Dauer langweilig. Diese fünf Volltreffer eignen sich nicht nur als Beilage zum fertigen Grillgut, sondern auch als Fingerfood zum Appetitanregen zwischendurch oder vor dem Grillmenü. Und sie beweisen: Eine gute Beilage gehört nicht nur zum Grillen dazu – sie kommt sogar vom Grill!

## GEFÜLLTE DATTELN MIT BACON

*Datteln, ohne Kern*
*Frischkäse,*
*Bacon*

Die Datteln mithilfe eines kleinen Löffels mit dem Frischkäse füllen und mit je einer halben Scheibe Bacon umwickeln. Jeweils 2 Stück auf einen gewässerten Zahnstocher spießen. Direkt grillen, bis der Bacon knusprig ist.

## GEFÜLLTE TOMATEN

*Tomaten*
*Zwiebeln*
*Mozzarella*
*Bacon nach Wunsch*

Die Tomaten oben aufschneiden und komplett aushöhlen. Etwas grob zerkleinerte Zwiebel und ein paar Gewürze rein, dann mit Mozzarella auffüllen. Indirekt grillen, bis der Käse weich wird. Für die nichtvegetarische Variante die gefüllten Tomaten vor dem Grillen mit Bacon umwickeln und mit gewässerten Zahnstochern sichern.

## FEURIGE BRUSCHETTA

*Tomaten*
*Cayennepfeffer*
*Chiliflocken*
*Basilikum*
*Zwiebeln*
*Weißbrot*
*Balsamico, Öl*

Eine Tomate – ohne Strunk – kleinhacken, mit Salz, Cayennepfeffer, Chiliflocken und Basilikum, oder auch Oregano, würzen und mit gehackten Zwiebeln mischen, auf leicht mit Öl und dunklem Balsamicoessig bestrichene Weißbrotscheiben verteilen und auf dem Grill knusprig anrösten.

## CHAMPIGNONS MIT KÄSE-DOUBLE

*Champignons*
*Schafskäse*
*Parmesan*
*Öl*
*Bacon nach Wunsch*

Pilze putzen, Stiele entfernen und mit Schafskäse füllen, etwas Parmesan darüberstreuen. Von unten mit Öl einpinseln und indirekt grillen, bis der Käse schmilzt. Nach Wunsch vorher mit Bacon umwickeln.

## TOMATEN-GARNELEN-SPIESS

*Garnelen*
*getrocknete Tomaten*
*Öl, Knoblauch, Chili*

Garnelen und Tomaten mit etwas Öl, Knoblauch und Chili marinieren, abwechselnd aufspießen und grillen. Perfekt als Surf 'n' Turf zu Rindfleisch.

# ZU VIEL SALZ?

**OHNE SALZ GEHT NICHTS.** Mit Salz dagegen geht auch Abwechslung.

Speisesalz aus der Packung ist **IMMER GLEICH**, frisch gemahlenes Salz aus der Mühle ist, je nach Mühle und Bedarf, mal feiner oder mal körniger.

Raffiniertes industriell hergestelltes Salz besteht zu über 99 % aus Natriumchlorid, versetzt **MIT RIESELHILFEN**, manchmal auch mit Jod, Fluorid und Folsäure.

**ACHTUNG!**
Auch beim Grillen gilt die alte Regel: Im Zweifel besser nachsalzen!

**DER MENSCH HAT FÜR SALZIGES** eigene Geschmacksknospen – kein Wunder, dass wir Salz an fast alle Speisen und Lebensmittel geben. Zu seinen besten Eigenschaften gehört, dass es unsere Wahrnehmung der organischen Würzstoffe erhöht. Aber auch beim Salz gibt es subtile geschmackliche Unterschiede, wenn man kein Industriesalz verwendet. Probieren Sie mal was aus!

# MEERSALZ!

**GUTES ESSEN VERDIENT** ein gutes und nicht zu streng schmeckendes Salz.

**PROFI-TIPP**

Echtes „Fleur de Sel" ist die Krönung der Meersalze. Im Grunde genügt aber ein einfaches, naturbelassenes Meersalz, das ist auch billiger.

Machen Sie den **SELBSTTEST**: Legen Sie etwas Meersalz auf Ihre Zunge und warten Sie, bis es schmilzt. Nun machen Sie das Gleiche mit herkömmlichen Speise- oder Kochsalz. Nach dreißig Sekunden wissen Sie ganz sicher, was sie lieber auf Ihrem Essen haben wollen: Normales Speisesalz wird dann bitter und sehr unangenehm.

Für eine **SCHÖNE KRUSTE** das Fleisch vor dem Auflegen salzen. Funktioniert auch gut: Wer das Salz erst danach auf das Fleisch gibt, schmeckt dagegen mehr von dem herrlichen Meersalzaroma.

**IM HANDEL GIBT ES MEIST** gewaschenes Meersalz, das durch Umkristallisation gewonnen wird und eine höhere Restfeuchte hat. Unbehandeltes Meersalz enthält weniger Natrium und mehr andere Mineralien als herkömmliches Speise- oder Kochsalz. Es schmeckt weicher und weniger bitter. Beim Grillen schmelzen die Salzkristalle auf dem Fleisch und sorgen für eine leckere Kruste.

# KÜNSTLICHER GESCHMACK?

**GESCHMACKSVERSTÄRKER ODER -VERNICHTER?**
Der Übergang ist leider oft fließend.

Manche haben E-Nummern, sie heißen Hefeextrakt, Aroma, **GLUTAMAT ODER WÜRZE**. Nicht alle sind dem Gesetz nach „Geschmacksverstärker". Aber sie dienen genau diesem Zweck.

Alle Geschmacksverstärker wollen vor allem **UMAMI-GESCHMACK** bewirken. Das ist der fünfte Geschmack neben süß, sauer, salzig und bitter. Er wurde 1908 vom japanischen Forscher Kikunae Ikeda beschrieben. „Umami" heißt übersetzt einfach nur „lecker".

**ACHTUNG!**
Achten Sie beim Einkauf auf das Kleingedruckte: „Aromen" sind selten natürlich – sonst würde der Hersteller sie auch namentlich benennen.

**GESCHMACKSVERSTÄRKER** sind im wahrsten Sinne des Wortes in aller Munde: als beliebtes Mittel, um minderwertige Ware aufzupeppen und kostspieligen Originalgeschmack zu ersetzen. Lassen Sie sich nicht täuschen. Bauen Sie lieber auf Ihr eigenes Gewürzregal und den Kräutergarten, der sich auch im kleinen Rahmen auf dem Balkon oder sogar dem Fensterbrett anlegen lässt.

# NATÜRLICHE WÜRZE!

**MIT EINFACHEN, NATÜRLICHEN** Mitteln kann man wahre Geschmackswunder zaubern.

Nicht nur im Kuchen und Pudding lecker: **VANILLE**. Passt gut zu Hähnchen oder Fisch – nur darf sie nicht von zu starken Röstaromen überlagert werden.

Er hat in der Praxis den Vorteil, dass er nicht so schnell verbrennt und etwas aromatischer als weißer Zucker ist: **ROHRZUCKER**. Zusammen mit Zimt und etwas Chili ist er köstlich zu gegrilltem Obst.

Je nach Sorte kann **THYMIAN** Schweinebraten, Fisch oder Äpfel hervorragend begleiten

Salz und Pfeffer: unentbehrlich auch am Grill. Probieren Sie den würzigen **TELLICHERRY-PFEFFER** und kaufen Sie hochwertigeres Salz (siehe S. 161).

Bei unbehandelten **ZITRONEN** kann man Saft und Schale einsetzen.

**ES IST GANZ EINFACH,** gut zu würzen: Ein Steak braucht nicht mehr als Salz und Pfeffer, ein Rosmarinzweig, beim Grillen unters Fleisch gelegt, gibt einen zusätzlichen Kick. Würzen Sie Lachsfilet vor dem Grillen mit einem Hauch Rohrzucker und Lammkotelett mit einem Spritzer Zitrone. Probieren Sie Vanille zur Forelle und mediterrane Kräuter zu Gemüse. Seien Sie ruhig mutig!

# GRILLEN IM ORIENT

Grillen ist im Orient bis heute Teil der Alltagskultur. Überall und in jedem Restaurant gibt es Grillgerichte. Es ist fast unmöglich, alle Eigenheiten dieser reichen Küche zu benennen, vor allem wenn man unter Orient die gesamte Region von Nordafrika über den Nahen Osten bis nach Iran und Pakistan versteht. Sehr beliebt sind Kebabs (was einfach gegrilltes oder gebratenes Fleisch heißt), traditionelle Grillspieße. Eine bedeutende Rolle auf dem Grill spielen Hühnerfleisch, das schon in vorislamischer Zeit aus Indien eingeführt wurde, und in den Küstenregionen auch Fisch. Der eindeutige Star ist aber fast überall Lammfleisch, wobei alle Teile des Tieres, inklusive Kopf, Füße und Innereien, Verwendung finden. Besonders gegrillter Schafkopf markiert hier oft die Grenze, bis zu der sich westliche Besucher für die Grillkultur des Orients erwärmen können. Hier sei gesagt: Er schmeckt tatsächlich fantastisch und deswegen liegen auf jedem vernünftigen Markt im Nahen Osten grillfertige Schafköpfe für die Kundschaft bereit.

## SHISH KEBAB

**Für 4 Personen:**
*5 frische Minzblätter*
*250 g Vollmilchjoghurt*
*70 ml Olivenöl*
*2 Knoblauchzehen, gehackt*
*1 TL Chilipulver*
*1 TL Salz*
*1 TL schwarzer Pfeffer*
*1 TL Kreuzkümmel*
*1 TL Zimt*
*16 Cocktailtomaten*
*4 rote Peperoni*
*700 g Lammfleisch, aus der Keule oder Schulter*
*4 lange Metallspieße*

Die Minze in einem Mörser zerdrücken und mit Joghurt, Olivenöl, Knoblauchzehen, Chilipulver, Salz, Pfeffer, Kreuzkümmel und Zimt in einer Schüssel mischen.

Das Fleisch in Würfel schneiden (Kantenlänge ca. 2½ cm) und **in der Joghurtmarinade 24 Stunden** abgedeckt im Kühlschrank marinieren, zwischendurch einmal umrühren.

Tomaten und Peperoni waschen und die Stielansätze herausschneiden. Die Tomaten vierteln, die Peperoni in 4 cm lange Stücke schneiden.

Das Fleisch aus der Marinade nehmen und **abwechselnd mit den Tomaten und den Peperoni auf die Spieße stecken.**

Den Grill für direktes Grillen bei großer Hitze vorbereiten. Die Spieße auflegen und während des Grillens ab und zu wenden. **Das Fleisch ist nach etwa 8 Minuten außen braun** und hat den Gargrad well done.

# RAUCH AUS DER FLASCHE?

**MANCHMAL IST** auch dieses Buch ganz schön old school:
Rauch aus der Flasche ist nicht schlimm. Aber ein wenig uncool …

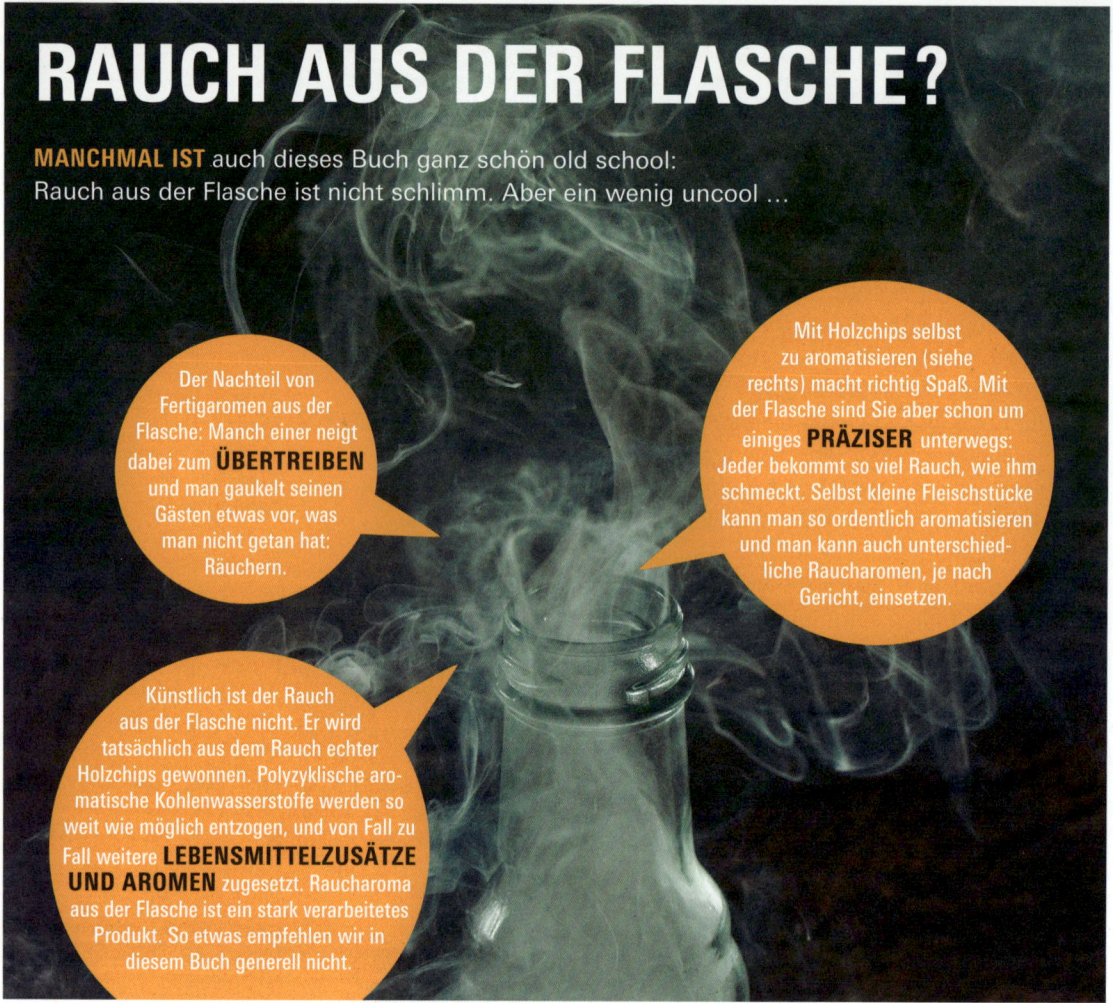

Der Nachteil von Fertigaromen aus der Flasche: Manch einer neigt dabei zum **ÜBERTREIBEN** und man gaukelt seinen Gästen etwas vor, was man nicht getan hat: Räuchern.

Mit Holzchips selbst zu aromatisieren (siehe rechts) macht richtig Spaß. Mit der Flasche sind Sie aber schon um einiges **PRÄZISER** unterwegs: Jeder bekommt so viel Rauch, wie ihm schmeckt. Selbst kleine Fleischstücke kann man so ordentlich aromatisieren und man kann auch unterschiedliche Raucharomen, je nach Gericht, einsetzen.

Künstlich ist der Rauch aus der Flasche nicht. Er wird tatsächlich aus dem Rauch echter Holzchips gewonnen. Polyzyklische aromatische Kohlenwasserstoffe werden so weit wie möglich entzogen, und von Fall zu Fall weitere **LEBENSMITTELZUSÄTZE UND AROMEN** zugesetzt. Raucharoma aus der Flasche ist ein stark verarbeitetes Produkt. So etwas empfehlen wir in diesem Buch generell nicht.

**WER KEINEN SMOKER HAT UND** trotzdem auf den würzigen Geschmack von geräuchertem Fleisch steht, greift oft zur Flasche: BBQ-Saucen mit Raucharoma gibt es inzwischen in jedem Supermarkt, und selbst separat lässt sich der oft mithilfe von Zusatzstoffen erzeugte Geschmack als Liquid Smoke inzwischen kaufen. Ursprünglich ist das nicht, aber auch kein Verbrechen …

# RAUCH AUS HÖLZERN!

**MIT HOLZCHIPS IN DER GLUT** gibt's würzigen Rauchgeschmack auch ohne Smoker und Konzentrat.

Größere Holzstücke sollte man vorher **ANWÄRMEN**, z. B. auf dem Deckel des Grills. So bekommen Sie später einen besseren Rauch.

Es können verschiedene Holzarten verwendet werden. Profigriller lieben **FRUCHTHÖLZER** wie Kirsche, weil sie ein fruchtiges, nicht so intensives Aroma abgeben wie Buche oder Eiche. Holztipps gibt's auf S. 117.

Nicht jeder oder jede mag Raucharoma. Wenn Sie sich nicht sicher sind, arbeiten Sie doch lieber mit **RAUCHAROMA** aus der Flasche, dann lässt sich nach Geschmack würzen.

**GEBEN SIE WÄHREND DES GRILLENS** etwas Holz in das Glutbett. Holzchips gibt es bereits brennfertig zu kaufen. Es dauert ein wenig, bis das Fleisch das Aroma annimmt, ein Grill mit Deckel bietet hier Vorteile, weil sich der Rauch nicht gleich verflüchtigt. Holzchips vorher zu wässern, bringt im geschlossenen Grill gar nichts, beim direkten grillen schon, dann verbrennen sie nicht so schnell.

# GRILLEN IM HERBST

**DER HERBST HAT VIEL MEHR** zu bieten als nur buntes Laub: Auf dem Grill wird es farbenfroh.

**GLASIEREN** :
Nachdem die Hautseite angebraten ist, die Entenbrust mit etwas Sojasauce und Honig beträufeln, bevor es mit dem indirekten Grillen weitergeht. Gut schmeckt es auch, wenn man das Fleisch mit chinesischer Pflaumensauce bestreicht.

Vorbereitung
**ENTENBRUST** : Die Hautseite der Entenbrust rautenförmig einschneiden, ohne das Fleisch zu verletzen. Bei einer perfekten Brust ist das Fleisch beim Servieren noch rosa und die Haut richtig schön kross.

**KÜRBIS** funktioniert wirklich nur im geschlossenen Grill!

# PERFEKT!

Perfekter Nachtisch vom Grill: Die Schale von Maroni etwas einritzen, in einer Schale oder Alufolie indirekt auf den Grill und 20 bis 30 Minuten bei 160 bis 180 °C garen. Dazu Vanilleeis.

## ZUM BEISPIEL HOKKAIDOKÜRBIS:

Oben einen Deckel abschneiden, den Kürbis aushöhlen und mit einer Mischung aus Crème fraîche, kräftigem Käse (z. B. Blauschimmel, Appenzeller), Knoblauch und schwarzem Pfeffer füllen. Deckel wieder drauf und für 1½ Stunden bei 200 °C im geschlossenem Grill garen. Echte Profis können sich natürlich an einer ganzen Ente versuchen. Für Gourmets darf's auch mal eine Entenbrust sein: Vorbereitete Entenbrust 5 Minuten auf der Hautseite angrillen, mit Sauce bestreichen, dann ca. 10 Minuten indirekt bis zu einer Kerntemperatur von 58 °C grillen. 5 Minuten in Alufolie ruhen lassen.

# SCHRUMPELWURST?

**WENN ALLE LÄNGST SATT SIND,** schrumpeln sie oft noch auf dem Grill vor sich hin.

Das Auge isst mit – **RUNZLIGE, TROCKENE** Würste sind nur noch für Verhungernde ein Genuss! Daher besser die Würste erst nur halb fertig-grillen und bei Bedarf „finishen".

**BESSER NICHT!**
Unter viel Ketchup und Sauce versteckt schmeckt's auch nicht besser.

**JEDER GRILLER KENNT DAS PROBLEM,** aber die wenigsten wissen, was man dagegen tun kann: Bleibt die Wurst zu lange auf dem Grill, weil sie gerade niemand essen möchte, wird sie schrumpelig und unansehnlich – und so will sie dann erst recht niemand mehr. Aber unverdorbene Lebensmittel haben im Müll nichts verloren. Und der nächste Hunger kommt bestimmt …

# FALTENKUR!

**BIERBAD STATT MÜLLTONNE** und schrumpel-freie Grillwürste für alle!

Die Bratwurst ist und bleibt des Deutschen **LIEBSTES** Grill-gut. Trotzdem wandern immer noch viele in den Müll, weil selbst die beste Bratwurst irgendwann trocken wird.

Keine Sorge: Trotz Bier bleiben die Würste **ALKOHOL-FREI**.

## QUICK 'N' DIRTY
Die Bratwurst etwas abseits von der Glut auf Alufolie legen und ganz leicht mit Öl einpinseln.

**SO RETTEN SIE IHRE ÜBERZÄHLIGEN** Würstchen: Stellen Sie eine Schale mit Bier in oder auf Ihren Grill, so weit von der Glut weg, dass das Bier nicht zu kochen beginnt. Schön warm darf es aber sein.

Sind Würste fertig, werden aber noch nicht benötigt, legen Sie sie sofort ins Bierbad. Bei Bedarf einfach Wurst aus der Schale nehmen und kurz heiß grillen. Sieht aus wie neu.

# 08/15-WÜRSTCHEN?

**WURST KOMMT EIGENTLICH** immer auf den Grill – aber Brötchen dazu muss nicht (immer) sein …

**REZEPT**
**AB S. 174**

Die Bratwurst nicht nur direkt über **STARKER HITZE** grillen. Sonst ist sie außen schon kross, bevor sie innen gar ist.

**EINE SCHNELLE GRILLWURST** ist perfekt gegen den ersten Hunger, aber mit der Standardvariante kann man weder bei privaten Grillpartys noch bei Grillwettbewerben punkten. Und wer sagt eigentlich, dass der Klassiker sich nicht auch mal richtig rausputzen und als Grill-Hauptgericht auftrumpfen kann? Wie einfach das geht, sehen Sie auf der rechten Seite.

# SCHAUMBURGER ROLLE!

**AUCH EINEN GRILLKLASSIKER** kann man noch verbessern.

**Was fürs Auge**

**Die Zutaten:**
**TORTILLA-WRAPS**, Rucola, Ananasstücke (frisch oder Dose), brauner Zucker, Chili, Honig-Senf-Dill-Sauce und möglichst gerade Bratwürste.

Dieses legendäre Rezept wurde von einem Teammitglied von TB & The BBQ-Scouts für eine regionale Meisterschaft entwickelt. Der **ERFOLG WAR GROSS** und die Meisterschaft in Schaumburg. Seitdem hat dieses Rezept seinen Namen.

**PROFI-TIPP**
Sprühen Sie die Wraps vor dem Angrillen mit etwas Wasser oder Apfelsaft ein.

**WRAPS VON BEIDEN SEITEN** kurz angrillen, sie müssen noch weich und rollbar sein. Die Ananasstücke mit braunem Zucker und etwas Chili würzen und ebenfalls angrillen. Je einen Wrap in der Mitte mit etwas Rucola, einer gegrillten Bratwurst und 2 bis 3 Ananasstücken belegen, mit der Sauce garnieren. Aufrollen, mit Zahnstochern fixieren und ganz oder in Stücken servieren.

# DIE PERFEKTE GRILLWURST!

**WER RICHTIG AUFTRUMPFEN WILL,** macht seine Grillwurst selbst.
Das ist gar nicht kompliziert, aber verdammt lecker!

Das fertig gewürzte Brät wird in einen Darm gefüllt. Bewährt hat sich dazu Schafssaitling im Kaliber 24/26. **ZUM FÜLLEN** reicht zur Not der Spritzbeutel aus der Backabteilung.

Die Basis-Würzung für die perfekte Grillwurst ist immer die gleiche: Auf 1 kg Fleisch kommen 20 g Salz, 2,2 g weißer Pfeffer und 1 TL Majoran. **INDIVIDUELLE WÜRZE** nach eigenem Geschmack!

**BESTELLEN SIE** beim Metzger 600 g Oberschale vom Schwein und 400 g Schweinebauch, frisch durch den Wolf gedreht. Mit einem Küchenmaschinenaufsatz können Sie es selbst durchdrehen.

**DIE GEWÜRZMISCHUNG** stellen Sie am besten nach eigenem Geschmack zusammen. Zur Basis-Würze passen außerdem 2 g Knoblauchpulver, 1 g Piment und etwas Muskat, alles gut vermischt.

**GEBEN SIE FLEISCH** und Würze in eine Schüssel. Achten Sie unbedingt darauf, dass das Fleisch während der gesamten Zubereitung nicht wärmer als 5 °C wird. Notfalls zwischendurch kalt stellen.

**JETZT WIRD'S ANSTRENGEND:** Die Masse mit den Händen mindestens 15 Minuten durchkneten – bis die Fleischfasern mit dem Fett zusammenkleben. Dabei auf jeden Fall Einmalhandschuhe tragen!

**DIE ROHMASSE PROBIEREN** und evtl. nachwürzen. Dann aus etwas Brät eine Frikadelle in Wurst-Durchmesser formen, anbraten und probieren. Wenn's schmeckt, kann das Füllen beginnen.

**DÄRME FÜR DIE WURST** (24/26 Schafssaitling) bekommt man beim Metzger, beim Fleischereinkauf oder in Internetshops. Die Därme müssen vor ihrem Einsatz etwa 30 Minuten gewässert werden.

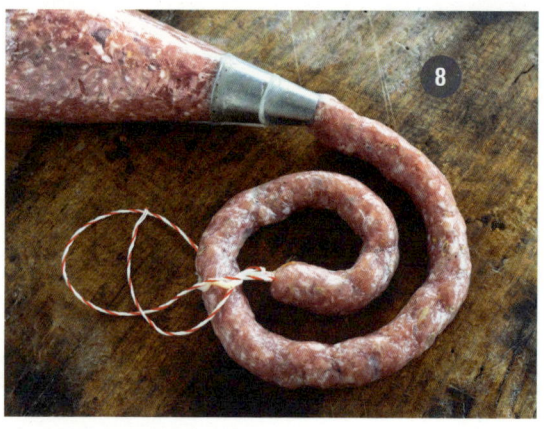

**EINEN FEUCHTEN DARM** komplett auf die Tülle des Füllers schieben. Das Brät in den Füller geben und mit der Hand zusammendrücken. Achten Sie dabei darauf, dass keine Luftblasen entstehen.

**DAS BRÄT GLEICHMÄSSIG** in den Darm füllen, diesen dabei mit einer Hand führen. Am besten den kompletten Darm in einem Durchlauf füllen und die Wurst dabei wie eine Schnecke aufrollen.

**IST EIN DARM GEFÜLLT,** die Wurst am Ende beginnend etwa alle 20 cm jeweils 4 bis 5 Umdrehungen gegen den Rest drehen. Der Darm schnürt ein und man erhält Würste in der gewünschten Länge.

**SIND ALLE WÜRSTE ABGEDREHT,** werden sie mit einem scharfen Messer an den Trennungen zerteilt. Übrige Därme kann man in einem Gefrierbeutel mit 1 EL Salz für das nächste Mal einfrieren.

**BRÄTRESTE** in Füller und Tülle nicht wegwerfen, sondern als Frikadellen geformt zusammen mit der Wurst grillen. Das komplette Füllsystem gründlich mit heißem Spülwasser reinigen.

**IHRE SELBST GEMACHTE GRILLWURST** sollten Sie zuerst indirekt garen lassen, bevor sie dann direkt schön braun fertig gegrillt wird. Sie schmeckt übrigens auch leicht angeräuchert hervorragend.

# BLÖDES BROT?

**AUCH IM BROTLAND DEUTSCHLAND WIRD'S** beim Grillen oft eintönig: Außer verschiedenen, pappigen Weißbrotvarianten geht meist nicht viel.

Wenn schon Weißbrot, dann selbstgemacht und **VOM GRILL**: 330 ml Mehl, 330 ml Milch, 1 Päckchen Backpulver, 1 TL Salz. Mehl, Milch, Backpulver und Salz miteinander verrühren. Dann in eine Kastenform geben und bei 200 °C im geschlossenen Grill 20–30 Min. backen.

Auch anderes gutes Weißbrot, nämlich Pizza oder – nomen est omen – **FLAMMKUCHEN**, kann man auf dem Grill machen. Rezepte gibt's zum Beispiel im Buch „Sehr gut grillen" (und weit über 100 andere noch dazu).

**OBWOHL UNS IN** Deutschland mehr als 300 Sorten Brot zur Auswahl stehen, liegen neben dem Grill meist Baguette, Fladenbrot und Ciabatta. Klar, Vollkornbrot finden viele als Beilage zu schwer und in Maßen genossen ist Weißbrot in Ordnung – aber auf Dauer auch ganz schön langweilig. Vitamine, Mineral- und Ballaststoffe sind in hellem Gebäck Mangelware.

# BELLISSIMA BRUSCHETTA!

**MEDITERRANER GENUSS,** bei dem das Brot nicht die Hauptrolle spielt: Geht's noch leckerer?

Unzählige Belag-**VARIATIONEN** warten darauf, von Ihnen ausprobiert zu werden! Für das Bild haben wir beispielsweise Kapern und Käse genommen. Gut schmeckt das Rezept von unten auch ohne Tomaten: einfach Knoblauch, Olivenöl, Salz und Pfeffer.

Auch französisch geht vom Grill: Ein Baguette schräg in ca. 2 cm dicke Scheiben schneiden, 8 EL weiche Butter in einer Schüssel schaumig schlagen, 4 Knoblauchzehen und ein paar Blätter Koriander hacken und dazugeben, mit Salz und Pfeffer abschmecken. Die **BAGUETTESCHEIBEN** beidseitig mit der Buttermischung bestreichen und direkt ca. 3 Minuten unter mehrmaligem Wenden grillen, bis sie eine schöne braune Farbe angenommen haben.

**UM DER EINTÖNIGKEIT ZU ENTFLIEHEN,** brauchen Sie kein industrielles Knoblauchbrot. Grillen Sie lieber Bruschetta: Baguette- oder Ciabatta-Scheiben kurz angrillen, mit einer aufgeschnittenen Knoblauchzehe einreiben, etwas Olivenöl daraufgeben und mit klein geschnittenen Tomaten und Schnittlauch belegen. Das bringt nicht nur knackige Frische, sondern auch ein paar Vitamine!

**STOCKBROTTEIG**

ist einfach herzustellen: 400 g
Mehl mit 300 ml angewärmtem
Wasser, 1 Päckchen Trockenhefe,
2 Teelöffeln Salz, 2 Esslöffeln Olivenöl
und 1 Esslöffel Zucker verkneten und etwas gehen lassen. Am Lagerfeuer etwas
Teig in der Hand mit Mehl bestäuben und
zu einer dünnen Rolle formen. Diese in
Spiralenform um den Stock wickeln
und am Ende fest andrücken.
Ans Feuer halten.

Vorsicht: Das Brot
nicht direkt ins Feuer
halten, dann verbrennt es,
und auch nicht direkt über
die Flammen, da verrußt es.
**AM BESTEN SEITLICH**
und mit mindestens 20 bis
30 cm Abstand zu den
Flammen halten.

**PROFI-TIPP**
Reichern Sie den Teig
mit Kräutern, Oliven,
Trockentomaten oder
Gewürzen an. Experi-
mentieren lohnt sich!

# GRILLEN AM LAGERFEUER

Alle lieben Lagerfeuer und besonders Kinder finden züngelnde Flammen toll. Stockbrot backen ist ein Klassiker, aber man kann am Feuer auch richtig grillen.

Ohne Genehmigung sind nur kleine Lagerfeuer erlaubt, die weniger als 1 m breit und hoch sind, und nur, sofern sie niemanden gefährden oder belästigen. Das Feuer muss ständig beaufsichtigt werden.

Um zu grillen, braucht man grundsätzlich irgendeine Art von Spieß oder Stock. Der kann aus Metall oder Holz sein, vor allem muss er lang genug sein, damit man nicht zu dicht an die Flammen kommt. Holzstöcke sollte man immer vorher wässern, sonst verbrennen sie schnell. Metallstöcke haben einen anderen Nachteil: Sie leiten Hitze, weswegen man immer Handschuhe tragen muss. Wenn man den Stock nicht halten möchte, kann man ihn schräg in den Boden stecken. Aber nicht vergessen: Am offenen Feuer sollte der Stock viel gedreht werden, um Ihr Grillgut rundherum gar zu bekommen.

Zum Stockbrot passen selbst gemachte Grillfackeln. Dazu scheiden sie schmale und flache Scheiben von einem Stück Schweinebauch und wickeln diese um den Stock, genau wie beim Stockbrot. Die Grillfackel können Sie dabei auch mit einer, nicht zu ölhaltigen, Marinade oder mit einer Gewürzmischung bestreichen. So lange garen, bis der Speck knusprig ist.

Ein weiterer Klassiker am Lagerfeuer sind gegrillte Marshmallows. Sie werden einfach auf den Stock gespießt und kurz in oder an den Flammen gegart. Dabei bilden sie außen eine Karamellschicht und werden innen ganz weich.

Auch ganze Lachsseiten lassen sich zubereiten. Diese werden gewürzt mit der Hautseite nach unten mit Holznägeln auf ein Brett genagelt und zum Garen neben das offene Feuer gestellt. Das Ganze nennt sich Glow fried Salmon.

Die Königsdisziplin beim Grillen am oder im offenen Feuer ist sicherlich das südamerikanische Asado-Grillen, das wir auf den folgenden Seiten beschreiben. Wer einen Dutch Oven besitzt, kann am Lagerfeuer richtig gut Chili con carne und Aufläufe machen (siehe S. 108). Sogar Brot kann man in dem gusseisernen Topf backen.

# DAS PERFEKTE GRILLDESSERT

**DER KRÖNENDE ABSCHLUSS EINES MENÜS** ist auch beim Grillen das Dessert. Unsere gegrillten Frühlingsrollen mit Schoko-Beeren-Füllung schmecken genauso toll wie sie aussehen.

**PERFEKT!**
Für eine herzhaftere Füllung Blauschimmelkäse und geschälte Birne pürieren, mit etwas Chili würzen.

**YUFKATEIG FINDEN SIE IM TÜRKISCHEN SUPERMARKT** und er bietet unzählige Möglichkeiten für Desserts vom Grill: Füllen geht immer. Wir empfehlen die unschlagbare Kombination aus säuerlichen Beeren und süßer Schokolade.

**Sie brauchen
(für 4 Portionen):**
12 Himbeeren
12 Brombeeren
12 Stücke Schokolade
(Sorte je nach Geschmack)
6 Blätter Yufkateig
(dreieckig)
250 ml Pflanzenöl
250 ml Himbeer- oder
Schokoladensauce
1 Becher Schlagsahne
1 Päckchen Vanillezucker
etwas Puderzucker
zum Bestäuben

**DIE TEIGSTÜCKE LÄNGS MIT EINEM MESSER** halbieren, sodass je zwei kleinere dreieckige Blätter entstehen, und in eine mit dem Öl gefüllte Schale legen.

**DIE BEEREN WASCHEN** und abtropfen lassen. Die Schokolade in Stücke brechen – wählen Sie die Sorte je nach Geschmack aus oder variieren Sie dunkle, helle und weiße Schokolade miteinander.

**DEN TEIG AUS DEM ÖL** nehmen und pro Dreieck eine Himbeere, ein Stück Schokolade (möglichst ohne scharfe Ecken) und eine Brombeere in Reihe, zwei Fingerbreit unterhalb der Oberkante, legen.

**DIE FLÜGEL DES TEIGES** über die Füllung klappen und zur Teigspitze hin zu kleinen Röllchen aufrollen. Diese sorgfältig mit dem Öl aus der Schale einpinseln und den Grill auf etwa 200 °C vorheizen.

**WENN DIE GEWÜNSCHTE HITZE** erreicht ist, die Rollen bei geschlossenem Deckel und indirekter Hitze etwa 6 Minuten grillen. Dabei wird der helle Yufkateig schön goldgelb.

**WÄHRENDDESSEN DIE SAHNE** mit dem Vanillezucker steif schlagen. Auf vier Tellern einen Spiegel aus der Himbeer- oder Schokosauce gießen und darauf ein paar Sahnekleckse verteilen.

**DIE FERTIG GEGRILLTEN,** leicht bräunlichen Röllchen vorsichtig vom Grill nehmen, am besten mit einer Zange. Der Teig darf dabei nicht einreißen, sonst läuft die Füllung aus.

**PRO TELLER JEWEILS DREI** Rollen auf dem Sauce-Sahne-Spiegel anrichten und mit ein wenig Puderzucker bestäuben. Statt Sahne passt auch cremiges Vanilleeis wunderbar dazu.

0 °C bis
100 °C

# LECKER ESSEN:
# OHNE STRESS
# UND HEKTIK!

# GRILLEN ALS ZEN-ÜBUNG: ENTSPANNUNG PUR...

Es ist noch gar nicht lange her, da wurde Grillen gerne als stumpfes Männerhobby abgetan, das wenig mit kulinarischen Leckerbissen und viel mit stinkendem Qualm, matschigen Salaten und verkohltem Fleisch zu tun hatte. Dazu kam Hektik, denn außer direktem Grillen über heiß glühenden Kohlen kannte man nichts, so dass man vollauf damit beschäftigt war, panisch zu wenden, um das Grillgut zumindest vor dem Verbrennen zu retten. In diesem Horrorszenario gab es keinen Platz für Gemütlichkeit und entspannten Genuss. Zum Glück kann die Grill-Realität heute ganz anders aussehen: Mit Planung und der richtigen Technik können Sie ein entspanntes Barbecue erleben, zwischendurch bei Ihren Gästen sitzen und trotzdem ein vielfältiges und hochwertiges

Menü vom Grill zaubern, das man so nicht einmal ansatzweise in einem Restaurant bekommen würde.

## ENTSPANNTE VIELFALT

Denken Sie nicht nur an die Klassiker von Schwein und Rind, sondern auch an Geflügel und Fisch. Und natürlich die unzähligen Möglichkeiten, spannende Beilagen zuzubereiten: Nahezu jedes Gemüse ist grillbar, vieles lässt sich miteinander oder auch mit Fleisch oder Fisch gut kombinieren. Sie können Gemüse füllen, mit Bacon umwickeln oder zu Spießen verarbeiten. Frisches Gemüse ist geschmackvoll, gesund und bringt Farbe auf Grill und Teller (siehe S. 48 bis 57). Variieren Sie mit Brot vom Grill: Selbst gemachte Bruschetta gehen einfach und schnell (S. 179), genauso Knoblauchbrot oder angegrillte Baguettescheiben mit Pesto. Testen Sie Grilldesserts mit Obst oder Teig (S. 182 bis 185). Suchen Sie sich am Anfang einfache Rezepte aus und merken Sie sich die Vorbereitungs- und die Garzeiten.

## STRESS? NEIN, GUTE PLANUNG!

Das perfekte Barbecue beginnt mit guter Planung und dem rechtzeitigen Einkauf. Überlegen Sie sich früh genug, wer was isst und was Sie Ihren Gästen anbieten wollen – je mehr unterschiedliche kleine Gänge Sie servieren, umso weniger benötigen Sie von jeder Sorte. Kleinere Mengen sind schneller vorzubereiten und einfacher zu grillen. Beim Barbecue verteilen sich die Gänge über einen längeren Zeitraum von ein bis drei Stunden, es ist also nichts für Schnellesser. Auch Ihre Gäste werden ihre Essgewohnheiten umstellen müssen, aber wir versprechen, sie werden es gerne tun!

Die Vorbereitungen lassen sich am Vormittag oder auch schon am Vortag erledigen. Alle Lebensmittel halten sich mindestens eine Nacht im Kühlschrank. Allerdings müssen Hackfleisch und Geflügel innerhalb von 24 Stunden nach dem Einkauf verarbeitet werden. Nehmen Sie sich zum Vorbereiten genug Zeit, machen Sie Musik an und trinken Sie einen Kaffee oder ein Gläschen Wein oder Bier – genießen Sie es! Zu zweit macht das Ganze übrigens meist doppelt so viel Spaß. Mit Ruhe und der richtigen Einstellung kann das Vorbereiten eine sehr entschleunigende Wirkung haben und muss nicht in Stress ausarten.

Überlegen Sie sich die Reihenfolge für das Menü: Am besten beginnen Sie mit kleinen Appetithäppchen, dann mal ein Stück Fleisch oder Fisch, dann etwas leichtes Gemüse, noch mal Fleisch oder Fisch und zum Ende ein Dessert.

Legen Sie Gang für Gang passend auf, damit Sie etwa jede halbe Stunde etwas Neues kredenzen können. So können Sie zwischendurch Pausen machen und sich um Ihre Gäste und Ihr eigenes leibliches Wohl kümmern.

# DAS AUGE ISST MIT!

**ES MUSS KEINE WURST AUF PAPPTELLER SEIN!**
Mit diesen Hilfsmitteln überzeugt Ihr Grillmenü auch Ästheten.

Einfache Kleinigkeiten wie **ESSBARE BLUMEN**, Keimlinge, Melissenblättchen oder Rosmarinsträußchen veredeln jeden Teller.

Gerade zum Dessert sehen **FRÜCHTE** wie Erdbeeren, Zitronenschnitze, Karambole, Melonenstückchen oder Kumquats am Tellerrand sehr gut aus.

**SAUCEN-SPIEGEL** machen immer viel her, und sei es auch nur einfacher Gewürzketchup unter einer Grillwurst.

Ist man nicht gerade Grobmotoriker, kann man mit aufgemalten **VERZIERUNGEN** aus Balsamico-, Schokoladen- oder Vanillesauce tolle Effekte erzielen.

Es müssen nicht immer Teller sein. Servieren Sie **FINGERFOOD** und Beilagen mal in Amuselöffeln (auch unter dem Namen Fingerfoodlöffel im Handel). Auch kleine Formen sind schick – und wer richtig Eindruck machen will, backt sie selbst aus Blätter- oder Foncageteig.

Warum nicht mal eine Bratwurst in Brezelform oder der Länge nach aufgeschnitten servieren? Rollen Sie dünn geschnittene Roastbeef-Scheiben in **WRAPS** ein, bauen Sie kleine Türmchen aus Steaks – lassen Sie Ihrer Fantasie freien Lauf!

**AUCH OPTISCH KANN EIN BARBECUE WAS** hermachen und muss einem Restaurantbesuch in nichts nachstehen. Anstatt das Grillgut einfach lieblos aufs Einweggeschirr zu packen, sollten Sie ein wenig Zeit aufs Anrichten und Dekorieren verwenden. Ob zum Fingerfood, Steak oder Nachtisch: Verwandeln Sie den Teller oder Ihr Grillbüfett zur Augenweide, selbst Altbekanntes kann man neu präsentieren – Ihre Gäste werden es zu schätzen wissen.

# GRILLGUTBERG?

**WENN MAN GÄSTE ZUM** Grillen einlädt, sollte man auch Zeit haben, entspannt mit ihnen zu essen…

Unstrukturiertes Grillen bedeutet **GENERVTE GÄSTE**. Das Grillteil, auf das ich gerade Appetit habe, schnappt mir garantiert gerade einer vor der Nase weg. Frust.

Grillt der Gastgeber auf Vorrat, stapelt sich das fertig Gegrillte und wartet darauf, gegessen zu werden. Fleisch wird dabei **TROCKEN**, Gemüse schrumpelig. Appetitlich ist anders!

**PLANUNG TUT NOT!**

**EIN NETTER BBQ-ABEND**, geplant als Grillmenü mit Fingerfood, Vorspeise, Hauptgang und Dessert, lebt davon, dass die Gänge in der korrekten Reihenfolge serviert werden. Kommt alles auf einmal vom Grill, türmen sich die leckeren Sachen zu Bergen auf, die Gäste schlingen mit vollen Backen, die Bratwurst schrumpelt, der Grillmeister ruft: Nehmt den Fisch, der muss weg … nicht schön.

# GUT GEGRILLTE VIELFALT!

**ABWECHSLUNG UND GUTES TIMING** – dann gibt's Spaß für die Gäste und Anerkennung für Sie statt Fleischberge und Stress am Grill.

Mit zwei Grills kann man es so einrichten, dass die dicken Steaks zum Hauptgang **ZUSAMMEN** mit den Garnelen der Vorspeise direkt angegrillt werden. Während die Vorspeise gereicht wird, kommen die Steaks zum Garen in den geschlossenen Grill. Gehen die Steaks in die Ruhephase, werden schon die Bananen fürs Dessert indirekt aufgelegt.

**PLANUNG UND** Vorbereitung ist beim BBQ-Menü Voraussetzung. Von Vorteil sind dabei zwei Grills, einer davon fürs direkte Grillen oder fürs Angrillen. Das kann auch ruhig ein einfacher Zuggrill vom Discounter sein. Ein Grill mit Deckel dient dann zum indirekten Garen der Speisen. Wer die Garzeiten der einzelnen Gerichte kennt (S. 218), bekommt einen sauberen Ablauf hin. Pausen einplanen!

# APPETIZER VOM GRILL

**SCHNELL GEGRILLT, SCHNELL VERNASCHT** und unwiderstehlich. Solche leckeren kleinen Teile sind der perfekte Einstieg in ein Grillmenü.

**ANTIPASTI** lassen sich gut vorbereiten, passen als Vorspeise, aber auch als Beilage. Auberginen- und Zucchinischeiben mit schönem Branding kommen direkt vom Grill.

Garnelen lassen sich direkt und indirekt grillen und sehr unterschiedlich **MARINIEREN**. Scharf mit Chili und Knoblauch oder süß mit Tomate und Honig. Genial: Getrocknete Tomaten in Öl und Chili einlegen und zwischen die Garnelen auf den Spieß.

## PROFI-TIPP

Dünne Saté-Spieße mit einer Sauce aus Erdnussbutter, Kokosmilch, Sojasauce und Currypaste sind unwiderstehlich. Auch gut: die Saté-Rezepte auf S. 142 f.

**MOINK-BALLS**
sind kleine Rinderhack-
bällchen, mit Bacon umwi-
ckelt und mit BBQ-Sauce glasiert. Achtung: Suchtfaktor!
Nicht zu viele vorweg reichen, sonst essen sich
alle daran satt.

Jakobsmuscheln
haben ein festes und
leicht nussig schmeckendes
Fleisch. Perfekt dazu passen eine Chili-Kokosmilch-Sauce und
gehackte Korianderblätter. Die
**MUSCHEL** mit ein wenig
Sauce in einer Schalenhälfte
grillen. Die Schale dazu
gut vorheizen.

**SO ERÖFFNET MAN EINEN GRILLABEND**: mit Appetizern und Aperitif. Marinierte oder gespießte Teile können bequem vorbereitet werden, um beim Eintreffen der Gäste direkt auf den Grill zu kommen. Da sie genauso schnell gegrillt wie gegessen werden, sind sie ideal, um den Gästen die Wartezeit auf die Hauptdarsteller zu verkürzen und dem Grillmeister zu helfen, die Garzeit größerer Stücke zu überbrücken. Fingerfood verhindert außerdem, dass sich die Gäste schon am Anfang mit Beilagen und Salaten satt essen.

# HEKTISCH ESSEN?

**VOM ROST IN DEN MUND?** Bloß nicht!
Geduld zahlt sich aus.

Wird das Fleisch gar, bedeutet das auf Ebene der Moleküle, dass sich die Proteine (Eiweiße) ziemlich **ZUFÄLLIG VERNETZEN** und verknäulen. Besonders wenn das schnell und unter hoher Temperatur geschehen ist, ist das Fleisch erst mal relativ „verspannt".

Keine Angst, selbst wenn Sie mal zu schnell anschneiden: Die rote Flüssigkeit, die austritt, ist **KEIN BLUT**, sondern nur Fleischsaft: Wasser, in dem ein den roten Blutkörperchen ähnlicher Stoff gelöst ist.

**BESSER NICHT!**
Direkt aufgeschnittenes Fleisch ist oft ungleichmäßig gegart und innen sogar noch roh.

**AUCH WENN DIE VERLOCKUNG** und der Appetit groß sind: Schneiden Sie Ihr Fleisch nicht direkt nach dem Grillen auf. Das Fleisch braucht bis zu 15 Minuten Zeit zum Nachgaren. Dabei verteilt sich der Saft gleichmäßig im Fleisch, so dass er beim Anschneiden nicht auf dem Teller landet, sondern im Gewebe gebunden ist. Das sieht dann auch nicht wässrig aus, schmeckt dafür aber saftig.

# ENTSPANNEN LASSEN!

**IMMER MIT DER RUHE!** Beim Grillen sollten nicht nur Sie entspannen, sondern auch Ihr Grillfleisch.

Wer indirekt grillt, lässt sein Fleisch natürlich nicht unter dem Deckel ruhen: Entweder auf einem **VORGEWÄRMTEN TELLER** mit Alufolie abdecken oder große Stücke in einer Isoliertasche oder Kühlbox abgedeckt ruhen lassen.

10 Minuten Ruhezeit bedeutet: **60 PROZENT** des beim sofortigen Anschneidens austretenden Fleischsaftes bleiben im Fleisch.

**PROFI-TIPP**
Grillen Sie statt einem Kotelett oder Steak pro Person ein mehrere Zentimeter dickes Stück. In Scheiben aufschneiden und gemeinsam genießen.

**DIE NUR VON AUSSEN AUF DAS** Fleisch einwirkende Hitze des Grills hat es mächtig unter Stress gesetzt. Gönnen Sie ihm also einen Moment der Entspannung, damit sich der Fleischsaft und die Temperatur wieder gleichmäßig verteilen können. Steaks sollten je nach Größe 5–10, große Braten auch mal 20 Minuten oder mehr abgedeckt ruhen, am besten ganz am Rand des Grills.

# LÄNGS ZUR FASER?

**WER SEIN STEAK GERNE** als Kaugummi-ersatz verwenden möchte, sollte es längs zur Faser schneiden.

Wenn man falsch aufgeschnitten hat und dann das Fleisch zumindest **AUF DEM TELLER** quer zur Faser schneidet, wird es etwas besser. Aber wer will seinen Gästen schon erklären, wie sie ihr Fleisch schneiden sollen?

**PROFI-TIPP**
Es gibt einige wenige Spezialitäten, die längs aufgeschnitten werden, z. B. dünne Scheiben aus dem Filet.

**MUSKELFLEISCH BESTEHT IMMER** aus Muskelfasern. Und die sind ziemlich lang. Werden sie weder bei der Zubereitung noch beim mundgerechten Zerkleinern auf dem Teller zerschnitten, hat man sie beim Essen im Mund – und um sie zu zerkauen, braucht man kräftige Kiefer und viel Geduld. Unabhängig vom Garpunkt wirkt das Fleisch durch die langen Fasern außerdem zäh.

# QUER ZUR FASER!

**LANGE FASERN SOLLTEN** zerschnitten werden. So wird das Fleisch nicht nur zarter, sondern auch viel angenehmer zu essen.

Bereits geschnittene Steaks **VOM METZGER** oder Supermarkt sind in der Regel quer zur Faser vom Stück geschnitten.

Die Muskelfasern lassen sich bei rohem Fleisch je nach Teilstück recht leicht erkennen. Es sieht aus, als führten Linien in einer Richtung im Fleisch entlang. Aber Vorsicht: Es gibt Teilstücke, durch die **MEHRERE MUSKELSTRÄNGE** laufen und deren Fasern dann in unterschiedliche Richtungen verlaufen. Ungeübte sollten sich ein Rinderfilet anschauen, schwierig ist hingegen die Hüfte.

Hier wurde **RICHTIG** geschnitten: quer durch die Fasern. In einer Scheibe sind so also Fleischfasern maximal so lang wie die Scheibe breit ist.

**WER SEINE STEAKS** selbst aus dem Stück schneidet, sollte dabei unbedingt darauf achten, quer zur Faser zu schneiden. Nur so ergeben sich zarte, kurze Fasern, die das Fleisch beim Erhitzen nicht zäh werden lassen. Und das Kauen ist auch kein Problem, so dass man nicht das unangenehme Gefühl hat, beim Essen mit lauter Wiederkäuern am Tisch zu sitzen …

# DER PERFEKTE BURGER

**PERFEKTION GIBT ES NICHT IM FAST-FOOD-LADEN.** Dabei ist sie gar nicht so schwer zu erreichen. Mit den richtigen Zutaten und der passenden Grilltechnik gelingt Ihnen jeder Burger.

## QUICK'N'DIRTY

Kein Rinderhack im Haus und Lust auf Burger? Die ganz Harten nehmen Bolognesesauce aus der Dose. Heiß machen, drauf aufs Brötchen, Zwiebeln und Peperoni drüber, Augen zu und reinbeißen. Kann man machen …

Vom Hamburger gibt es weltweit eine Unmenge an Variationen. Probieren Sie doch mal den griechischen Stil mit Lamm, Knoblauch und Oregano oder den asiatischen mit Ingwer, Erdnussbutter und Sojasauce. Sehr exklusiv ist der Buffalo Burger mit Bisonfleisch und Cowboy Beans und ganz verrückt klingt der Reuben Burger mit Sauerkraut und Corned Beef. Fast alles scheint möglich und somit ist der Burger **PERFEKT ZUM EXPERIMENTIEREN**. Alles, was Ihnen sonst so schmeckt, sollten Sie auch mal auf einem Burger versuchen.

## WOHER DER HAMBURGER SEINEN

Namen hat, darüber streiten sich die Gelehrten. Die einen meinen, das Rezept sei mit deutschen Einwanderern aus Hamburg in die USA gekommen. Andere sagen, er wurde auf einem Jahrmarkt der Stadt Hamburg bei Buffalo im Staate New York erfunden. Es gibt noch weitere Theorien. So oder so ist er jetzt weltweit in aller Munde, am besten ist er aber selbst gemacht. Und am heimischen Grill gilt: Alles kann – nichts muss.

Ein echter Hamburger enthält ausschließlich grob entsehntes Rindfleisch, Salz und Gewürze – so steht es sogar im Deutschen Lebensmittelbuch. Mehr braucht es auch gar nicht, um den Fleischklassiker, dem in unzähligen Fast-Food-Läden auf der ganzen Welt unrecht getan wird, perfekt zuzubereiten. Wer frisches Hackfleisch vom Metzger kauft, kann sich seine Burger sogar medium grillen. Beim restlichen Belag gilt: Weniger ist oft mehr.

**DER KLASSISCHE BURGER** besteht aus reinem Beef, frisch gewolft aus der Hochrippe oder dem Hals, am besten mit ca. 20 % Fettanteil, gewürzt nur mit Salz und Pfeffer.

**PRO BURGERPATTY** nehmen Sie 150 bis 200 g Fleisch. Drücken Sie in die Mitte eine Mulde, so wölbt es sich beim Grillen nicht. Es sollte im Durchmesser etwas größer als das Brötchen sein.

**STATT PAPPIGER MILCHBRÖTCHEN** lieber frische Ware vom Bäcker. Toasten Sie die Brötchen aufgeschnitten kurz an. Voll- und Mehrkornbrötchen sind auch mal einen Versuch wert.

**VON JEDER SEITE** etwa 2 Minuten direkt grillen, dann indirekt gar ziehen lassen. Gutes und frisches Hack darf wie ein Steak gerne nur medium gegart werden. So bleibt es auch saftiger.

**GEMÜSEZWIEBEL** in dicke Scheiben (5 bis 10 mm) schneiden, auf einen dünnen Holz- oder Metallspieß gesteckt neben dem Hamburger angrillen. Bunte Alternative: rohe rote Zwiebeln.

**EISBERG- ODER KOPFSALAT?** Langweilig! Rucola, Feld- und Pflücksalat haben mehr drauf. Nehmen Sie reife, vollfleischige Tomaten und nach Wunsch eingelegte Gurken oder Chilis.

**UM DEN TOLLEN GESCHMACK** der anderen Zutaten nicht zu ertränken, belassen Sie es am besten bei etwas aufgemotztem Ketchup (siehe S. 205), einem Klecks Senf oder Mayonnaise.

**DIE EXTRAS:** Wer möchte, grillt noch 1 bis 2 Scheiben Bacon pro Burger oder legt kurz vor Grillende etwas Käse auf den Patty – keinen einzeln verpackten Plastikkäse, sondern beispielsweise Cheddar.

# KETCHUP WIE IMMER?

**KENNT MAN EINEN**, kennt man alle. Einheitsgeschmack, gefangen in einer Glasflasche.

Ketchup ist **GESUND!** Er enthält Lycopin, das ähnlich wie das bekanntere Betacarotin zu der Gruppe der Carotinoide zählt. Es wirkt antioxidativ und zellschützend.

**PROFI-TIPP**
Ketchupflasche vor Entnahme immer schütteln: Macht den Inhalt flüssiger!

**EGAL WELCHEN HERSTELLER MAN** favorisiert, der Fabrikketchup schmeckt immer ähnlich. Als Dip oder zur Abrundung des Geschmackes feiner Grillgerichte ist er ungeeignet. Auch gute Currywurst aus frischer, schön braun gegrillter und in Stücke geschnittener Bratwurst schmeckt trotz ordentlich Currypulver todlangweilig, wenn man sie im handelsüblichen Standardketchup versenkt.

# KETCHUP PLUS!

**MAINSTREAM-KETCHUP,** mit exotischen Gewürzen und aromatischen Zutaten individuell verfeinert, passt zu fast allen Grillgerichten.

Ketchup wird besonders fein durch **FRISCHE KRÄUTER**: Oregano, Liebstöckel, alle Kressearten, Petersilie, Dill oder Thymian.

**KETCHUP MEDITERRAN:** 100 ml Ketchup, 1 EL klein gehackte violette Oliven, 1 TL Kapern, 1 TL Sambal, 1 EL Tomatenmark und 1 TL Honig miteinander mischen.

**BERLINER CURRYSAUCE:** Inhalt von einer Flasche Ketchup (0,75 l) erwärmen, 1 Apfel reinreiben, 1 EL Worcestershire Sauce, 1 TL Balsamicoessig, 1 TL Currypulver und Chilipulver nach Geschmack einrühren, mit dem Mixstab fein pürieren.

**OB MEDITERRAN DURCH** Zugabe von zerkleinerten Oliven, Kapern und Anchovis, ob amerikanisch durch Mixen mit Whiskey, Zwiebeln, Mais und Rauchsalz – der Fantasie sind bei der Veredlung eines Basisketchups keine Grenzen gesetzt. Bereichern Sie Ihr Grillbüffett durch individuelle Ketchup-Variationen, am besten präsentiert in dekorativen Schälchen.

# WHISKEYAROMA?

**DIE AUSWAHL WIRD IMMER GRÖSSER –** die Zahl der unerwünschten Zusatzstoffe leider auch.

Wenn die Zeit zum **SELBERMACHEN** fehlt: Suchen Sie sich eine gute Sauce aus und basteln Sie diese nach Geschmack um. Ein Schuss Honig, Ahornsirup oder Whiskey, ein Löffel Marmelade, Chilisauce, ein Paar Gewürze und schon haben Sie eine persönliche Note eingebracht.

**PROFI-TIPP**
Aufgrund ihres hohen Essig- und Zuckergehalts sind BBQ-Saucen sehr lange haltbar. Geöffnete Flaschen gehören aber in den Kühlschrank.

In den BBQ-Saucen mit Whiskey befindet sich in der Regel nur **ETWA 1 % WHISKEY**. Der Geschmack in der Sauce kommt dann von Whiskeyaromen und anderen Zusatzstoffen.

**BBQ- UND GRILLSAUCEN** aus aller Welt gehören inzwischen zur Standardausstattung der meisten Supermärkte. Und es werden immer mehr! Leider wimmelt es – bis auf ein Paar rühmliche, aber auch nicht ganz billige Ausnahmen – in den Rezepturen vor Geschmacksverstärkern, Konservierungs- und anderen Zusatzstoffen. Achten Sie auf richtige Zutaten statt Aromen!

# ECHTER STOFF!

**EINFACH UND EINDRUCKSVOLL:**
Selbst gemachte BBQ-Sauce ist ein echtes Highlight.

Viele Saucen und Saucenrezepte enthalten flüssiges Raucharoma. Viel besser ist es, **ECHTEN RAUCH-GESCHMACK** einzufangen und einige Zutaten der Sauce wie Tomaten, Zwiebeln, Paprika und Chilis vor der Verarbeitung einfach ein paar Stunden im Grill zu räuchern oder indirekt zu garen.

**PERFEKT!**
Wenn Sie die Gläser vor dem Abfüllen in kochendem Wasser sterilisieren, ist Ihre Sauce lange haltbar. Kochen Sie also ruhig einen größeren Topf.

Auf der folgenden Doppelseite finden Sie eine BBQ-Sauce, die **ECHTEN WHISKEY-GESCHMACK** aufs Grillgut bringt!

**BBQ-SAUCE IST FÜR VIELE FAST** so wichtig wie das Grillgut – ein echter Könner macht sie selbst. Das Rezept von der nächsten Doppelseite können Sie genau so variieren und erweitern wie die vielen Internetanleitungen. Also, ran an den Topf! Achten Sie aber darauf, sich genau zu notieren, wie Sie das Rezept getunt haben, um Ihr neues Highlight später auch nachkochen zu können!

## GRILLSAUCEN

**Was wäre ein BBQ ohne Grillsaucen?** Vielleicht haben Sie bisher immer Supermarktsaucen zum Grillfleisch gegessen und irgendwann festgestellt, dass sie eigentlich nicht so gut schmecken. Wenn Sie sich dann noch wundern, warum die hinten im Kühlschrank vergessene Sauce vom letzten Jahr immer noch nicht vergammelt ist, wird es Zeit, selber zur Tat zu schreiten. Ausführlichere Rezepte finden Sie übrigens auch in unserem Buch „Sehr gut grillen".

## AIOLI

**Die klassische Aioli besteht nur aus Knoblauch, Salz und Olivenöl.** Reichlich Knoblauch wird mit etwas Salz in einem Mörser fein zerrieben. Danach fügt man unter ständigem Weiterrühren ganz langsam Olivenöl hinzu. Entscheidend ist die richtige Menge. Geben Sie zu viel hinein, wird die Aioli zu flüssig. Mit zu wenig Öl ist sie zu fest. Nehmen Sie sich daher Zeit. Wenn es nicht ganz klassisch sein muss, geben Sie ein Eigelb oder ein Stück gekochte Kartoffel am Anfang zum Knoblauch. Dann gerinnt die Aioli nicht so leicht. Hält im Kühlschrank nur ein paar Tage.

**Passt zu:** Brot, Lamm, Fisch, Gemüse, Meeresfrüchte

## CHIMICHURRI

**Chimichurri stammt aus Argentinien.** Reichlich Kräuter wie Petersilie, Thymian, Rosmarin, frische Lorbeerblätter, Basilikum, Oregano, eine Chilischote ohne Kerne, einige Knoblauchzehen, zwei kleine Zwiebeln und eine rote Paprika fein schneiden oder hacken. Alles in ein leeres Marmeladenglas geben und mit Salz vermischen. Mit Olivenöl auffüllen und einen Tag ziehen lassen. Hält sich einige Wochen im Kühlschrank. Wichtig ist, dass es immer mit Öl bedeckt ist.

**Passt zu:** gegrilltem Rindfleisch oder als Vinaigrette zu aromatischen Tomaten

### THAILÄNDISCHE CHILISAUCE

**Je zwei Knoblauchzehen und Thai-Chilis ohne Kerne** sowie 50 g frischen Ingwer fein hacken und in 2 EL Öl andünsten. 3 EL Tomatenmark hinzugeben und kurz anrösten. Etwa 3 EL Rohrzucker untermischen und schmelzen lassen. Mit 300 ml Ananassaft und 60 ml Essig auffüllen und ca. 20 Minuten leicht köcheln lassen. Danach mit Salz, Pfeffer und noch 1 EL Rohrzucker abschmecken. Alles noch heiß in eine passende Flasche geben und abkühlen lassen. Hält sich im Kühlschrank ungefähr vier Wochen.

**Passt zu:** Geflügel, Fisch, Schwein

### COLA-WHISKEY-BBQ-SAUCE

**Kein Barbecue ohne BBQ-Sauce –** hier ist eine einfache Variante für den eigenen Herd. 500 ml zuckerhaltige Cola auf 125 ml einreduzieren. Je 125 g Ketchup und Apfelmus, Saft von 1 Zitrone, je 1 TL Grillgewürz und Worcestersauce sowie ½ TL Sojasauce zugeben und erneut aufkochen. Vom Herd nehmen und 1 EL Bourbon- oder Tennessee-Whiskey unterrühren. Noch heiß in passende Flaschen abfüllen. Hält sich wegen des hohen Zuckeranteils sehr lange im Kühlschrank.

**Passt zu:** fast jedem Fleisch, egal ob kurz gegrillt oder lang geräuchert

### COCKTAILSAUCE

**Die Mayonnaise und den Ketchup können Sie natürlich auch selber machen,** aber hier greifen wir der Einfachheit halber doch mal ins Supermarktregal und vermischen dann in einer Schüssel: 50 g Tomatenketchup, 150 g Mayonnaise, 1 EL Tomatenmark, 1 TL Zitronensaft, 2 TL Weinbrand, je ½ TL Worcestersauce und Meerrettich aus dem Glas, Salz, Pfeffer und ein paar Tropfen Tabasco.

**Passt zu:** Fisch und Meeresfrüchten oder mit etwas Sahne verdünnt als Salatdressing

# DIE BESTEN HEISSMACHER

## SCHÖN SCHARF!

Wer richtig grillt, kommt dabei nicht ins Schwitzen. Dafür aber beim Essen – wenn es richtig scharf gewürzt ist! Echte Chili-Fans servieren die heißen Schoten gerne auch mal als gegrillten Snack, ABTs (siehe Nummer 6) sind in den USA ein echter Klassiker. Unsere Top Ten, von mild bis wild:

**1** **VITAPEP** Nur leicht scharfe Minipaprika. Eine gute Alternative, wenn kleine Kinder mitessen.

**2** **PIMENTÓN DE LA VERA PICANTE** Spanisches Paprikapulver, über Eichenholz geräuchert. Gibt's auch in mittelscharf (agridulce) und mild (dulce).

**3** **WEISSER PFEFFER** Schärfer als schwarzer Pfeffer, allerdings auch ohne Eigengeschmack.

**4** **BRATPEPERONI (PIMIENTO)** Mittelscharfe Schoten. Direkt gegrillt mit etwas Olivenöl und Salz ein toller Snack.

**5** **CHILIPULVER** Besteht meist aus bis zu zehn verschiedenen Gewürzen. Schärfe und Geschmack unterschiedlich.

**6** **JALAPEÑO** Gefüllt und mit Bacon umwickelt indirekt gegrillt („Atomic Buffalo Turd") ein echter Knaller!

**7** **CHIPOTLE** Eins der schärfsten Pulver der Welt, hergestellt aus getrockneten Räucher-Jalapeños.

**8** **THAI-CHILI** Eignen sich hervorragend für Marinaden und Saucen. Gibt es in jedem Asialaden. Vorsicht: scharf!

**9** **CAYENNEPFEFFER** Eigentlich gar kein Pfeffer – wird aus gemahlenen Cayenne-Chilis hergestellt. Sehr scharf!

**10** **HABANERO** Sehr scharf, sehr lecker – z. B. gefüllt mit Käse und Hackfleisch. Nur für hartgesottene Chili-Fans!

# AUS DEM NAPF?

**DER SPÜLTEST ZEIGT:** Appetitlicher Kartoffelsalat im Napf lässt sich nur schwer finden.

Kalorien-bombe: Fast 50 % der empfohlenen täglichen Energiezufuhr für eine Frau nur mit einer Beilage ist **ZUVIEL!**

**ACHTUNG!** Zusätzlich zu den Kalorien gibt es oft reichlich Konservierungsstoffe.

Versteckte Dick-macher im Fertigsalat! **ÜBER 1000 KALORIEN** stecken teilweise in 500 g Fertigkartoffelsalat mit weißem Dressing.

**OPFERN SIE EINEN NAPF** Fertig-Kartoffelsalat: Schütten Sie den Inhalt in ein Sieb und spülen das Dressing ab. Und dann schauen Sie mal, was übrig bleibt – appetitlich ist anders! Befinden sich dann noch Konservierungsmittel der E 210er- oder E 220er-Gruppe, also Benzoesäure oder Schwefeldioxidverbindungen, im Salat, hat er den ernährungsphysiologischen Vogel abgeschossen.

# AUS DEM HANDGELENK!

**BEIM SELBSTMACHEN HABEN** Sie die Kontrolle über alle Zutaten und Inhaltsstoffe.

## SAUBER BLEIBEN!
Gerade an heißen Tagen selbst gemachte Mayonnaise durchgängig kühlen!

Mit Essig und Öl fahren Sie (auch bei der Napf-Ware) in puncto Kalorien **IMMER BESSER** als bei Salaten mit weißem Dressing. Wenn Sie ein bisschen aufpassen, bleiben Sie bei unter 100 Kalorien pro 100 g.

**SIE BESTIMMEN, WIE ES SCHMECKT**: Ob mit oder ohne Gurke, viel oder wenig Zwiebeln, ob mit Mayonnaise oder Essig und Öl – überlassen Sie die Qualität Ihres Salates nicht der Industrie. Selbstgemachte Mayonnaise ist ein echtes Highlight – sie wird geschmacklich von keinem Fertigprodukt übertroffen und sieht dank frischem Ei statt industriellem Vollei auch noch besser aus.

# NUDELSALAT?

**EIN ABSOLUTER SATTMACHER**, der als Beilage eigentlich viel zu schwer ist.

**KALORIEN-LASTIG UND LANGWEILIG**

Doch mal was Neues mit Nudeln? Probieren Sie einfach mal einen **GLASNUDELSALAT**. Mischen Sie kurz aufgekochte Glasnudeln (trocken reichen 100 g für 4 Personen) mit geschnittenen Champignons, Zucchini, Staudensellerie und gehackten Korianderblättern sowie aufgekochten Mu-Err-Pilzen. Biss geben zum Beispiel gegrillte Scampi und ein paar Erdnusskerne. Ein Dressing rühren Sie zu gleichen Teilen aus Zitronensaft und Fischsauce, dazu ein kleiner Schuss Rapsöl, Salz und Pfeffer.

**NUDELSALAT IN ALLEN EHREN.** Er ist neben Kartoffelsalat der klassische Salat zum Grillen – und hat ordentlich Kalorien. Aber warum sollte man sich an einer Beilage satt essen, wenn doch noch so viele verlockende Grill-Delikatessen warten? Nudeln, Mayonnaise, vielleicht sogar noch Schinkenwürfel: viel zu schwer! Außerdem gilt natürlich auch hier: Ein wenig Abwechslung ist nie verkehrt.

# GRILLSALAT!

**UNZÄHLIGE VARIATIONSMÖGLICHKEITEN**
für Vielfalt und Geschmack.

IDEAL
**für Ein-
steiger**

**FISCHIGER SALAT**
vom Grill: Pro Person eine halbe, kleine, Zwiebel in Streifen schneiden und eine halbe Knoblauchzehe hacken. Eine mittelgroße Tomate würfeln und mit Oregano bestreuen. Alles mit etwas Sonnenblumenöl in einer feuerfesten Schüssel mischen (siehe Foto) und und leicht versetzt zur Glut für 5 Minuten auf den Grill stellen, dabei umrühren. Danach Inhalt einer halben Thunfischdose und ein, zwei klein geschnittene Sardellenfilets zugeben. Mit Salz, Pfeffer und einem Schuss Zitrone abschmecken. Noch mal 3 Minuten auf den Grill, dabei ab und an umrühren. Schmeckt warm und kalt.

**FAST JEDES GEMÜSE** lässt sich gut grillen. Klein geschnitten und mit etwas Öl und ein paar Kräutern und Gewürzen vermischt, sind den Kombinationsmöglichkeiten keine Grenzen gesetzt. Versuchen Sie mal Gurkenstücke mit Knoblauch, Speck und Kümmel oder unseren Grillsalat oben. Statt bräsigen Nudelsalat bringen Sie frische Ideen auf den Tisch. Das wird man Ihnen danken!

# GRILLEN IM WINTER

**SCHNEEMANN BAUEN, SCHLITTEN FAHREN UND GRILLEN –**
die drei schönsten Dinge des Winters …

**WINTER-RUB**
für Hirschrückensteaks:
Für 1 kg Fleisch mörsern Sie
1 Nelke, 4 Wacholderbeeren,
4 Körner schwarzen Pfeffer, 1 Lorbeerblatt und 3 Körner Piment, geben noch etwas Rosmarin dazu
und reiben das Fleisch damit
gründlich ein, bevor es auf
den Grill kommt.

Wie wär's mal
mit einem **WINTER-
LICHEN ROLLBRATEN**?
Schweinerücken längs auf-
schneiden, mit gekochten Ma-
ronen und Blutwurst bestreichen, einrollen und etwa eine
Stunde im geschlossenen
Grill indirekt garen.

## PROFI-TIPP

Bei großer Kälte muss mehr Kohle eingesetzt werden, außerdem ist gerade im Winter ein windgeschütztes Eckchen für den Grill Gold wert.

**WER SICH TROTZ KLIRRENDER KÄLTE** an den Grill getraut hat, sollte sich mit echten Leckereien belohnen, z. B. Hirschrückensteaks mit würzigem Winter-Rub. Auch besonders gut gegen eisige Temperaturen: saftige Kaninchenkeulen vom Grill. Und als Dessert gibt's Grilläpfel, z. B. gefüllt mit Mascarpone und Walnüssen, im geschlossenen Grill gegart.

**WENN SIE** im Winter nicht nur draußen grillen, sondern auch essen möchten, nutzen Sie möglichst Spieße mit großen Enden, denn die können Sie dann auch mit Handschuhen greifen: Ideal, um direkt vom heißen Grill zu naschen.

# WAS IST WANN FERTIG?

## SCHWEIN

| Grillgut | Dicke/Gewicht | Garzeit in Min. | Kerntemperatur | Methode |
|---|---|---|---|---|
| Nackensteak | 3 cm | 15–20 | 70–75 °C | direkt/indirekt |
| Nackensteak | 2 cm | 10–15 | 70–75 °C | direkt/indirekt |
| Bratwurst gebrüht | | 5–10 | 75 °C | direkt |
| Bratwurst roh | | 15–20 | 75 °C | direkt/indirekt |
| Schweinefilet | | 10–15 | 65 °C (rosa) | direkt |
| Schweinerückensteak | 2 cm | 5–7 | 65–70 °C (rosa) | direkt |
| Schweinerückensteak | 3 cm | 6–10 | 65–70 °C (rosa) | direkt |
| Bauchfleisch | 1 cm | 10–15 | 70–75 °C (vollgar) | direkt |
| Bauchfleisch | 2 cm | 15–20 | 70–75 °C (vollgar) | indirekt/direkt |
| Ribs | | 90–120 | 75–80 °C | indirekt/direkt |
| Haxen | 1,5 kg | 180–240 | 80–85 °C (vollgar) | indirekt |

## RIND (bei Rind zusätzlich Ruhezeit beachten!)

| Grillgut | Dicke/Gewicht | Garzeit in Min. | Kerntemperatur | Methode |
|---|---|---|---|---|
| Rumpsteak | 4 cm | 15–18 | 55–60 °C (medium) | direkt/indirekt |
| Rinderfilet | 5 cm | 17–20 | 55–58 °C (medium) | direkt/indirekt |
| T-Bone | 3 cm | 13–16 | 55–60 °C (medium) | direkt/indirekt |
| T-Bone | 4 cm | 15–20 | 55–60 °C (medium) | direkt/indirekt |
| Flank | 2 cm | 13–18 | 55–60 °C (rosa) | direkt/indirekt |
| Kronfleisch | | 4–7 | 60–65 °C (medium) | direkt |
| Rib-Eye | 4 cm | 16–19 | 55–60 °C | direkt/indirekt |
| Burger | 2 cm | 8–10 | 55–60 °C | direkt |
| Burger | 3 cm | 10–12 | 55–60 °C | direkt/indirekt |
| Köfte/Hackball | | 5–8 | 55–60 °C | |

## GEFLÜGEL

| | | | | |
|---|---|---|---|---|
| Hähnchen ganz auf Dose | 1 – 1,5 kg | 60 – 90 | 80 – 85 °C | indirekt |
| Hähnchenbrust | | 8 – 10 | 72 °C | direkt |
| Hähnchenoberkeule | | 40 – 50 | 80 – 85 °C | indirekt |
| Hähnchen Drumstick | | 35 – 45 | 80 – 85 °C | indirekt |
| Hähnchenflügel | | 35 – 45 | 80 – 85 °C | indirekt |
| Entenbrust | | 11 – 16 | 62 – 65 °C (rosa) | direkt / indirekt |
| Ente am Spieß | 1,7 – 2,7 kg | 90 – 120 | 80 – 85 °C (vollgar) | indirekt |

## LAMM

| | | | | |
|---|---|---|---|---|
| Lammkotelett | | 8 – 10 | 55 – 60 °C (rosa) | direkt |
| Lammfilet | | 5 – 10 | 55 – 60 °C (rosa) | direkt |
| Lammkeule am Stück | 2,2 – 3 kg | 120 – 150 | 60 – 65 °C | indirekt |

## FISCH + MEERESFRÜCHTE

| | | | | |
|---|---|---|---|---|
| Fischfilet | | 5 – 10 | 60 – 65 °C | direkt |
| Fisch ganz | | 12 – 20 | 60 – 65 °C | direkt / indirekt |
| Garnelen mit Schale | | 4 – 8 | | direkt |
| Garnelen ohne Schale | | 3 – 7 | | direkt |

## GEMÜSE

| | | | | |
|---|---|---|---|---|
| Zwiebelringe | 1,3 cm | 8 – 12 | | direkt |
| Aubergine | 1,3 cm | 8 – 10 | | direkt |
| Kleine Tomaten | | 2 – 4 | | direkt |
| Zucchini | 1,3 cm | 6 – 8 | | direkt |
| Kartoffeln halbiert | | 20 – 25 | | indirekt |
| Kartoffel in Scheiben | 1,3 cm | 14 – 16 | | direkt |
| Spargel | | 6 – 8 | | direkt |

# REZEPTIDEEN

Aioli 208
Baked Beans 89
Balsamico-Marinade 25
Bärlauchbutter 59
Beef Brisket 127
Berliner Currysauce 205
Biermarinade 149
Bratwurst de luxe 33
Bruschetta
– feurig 159
– klassisch 179
Bulgogi 141
Burger 201
Champignons mit
   Käse-Double 159
Chicken Wings 90 – 93
Chilibutter 59
Chimichurri 208
Cocktailsauce 209
Cola-Whiskey-BBQ-Sauce
   209
Currywurst 204 – 205
Erdnusssauce 142
Fisch pur 36 – 39
Fischiger Salat 215
Fischkräuter-Marinade 25
Frühlingsrolle mit
   Blauschimmelkäse-

Füllung 183
Frühlingsrollen mit
   Schoko-Beerenfüllung
   182 – 185
Garnelen-Tomaten-Spieße
   194
Gefüllte Datteln mit Bacon
   159
Gefüllte Tomaten 49, 159
Gemüsespieß 54 – 57
Glasierte Entenbrust 168
Glasnudelsalat 214
Glow fried Salmon 181
Grapefruit-Limo 157
Grilläpfel mit Mascarpone
   und Walnüssen 217
Grillfackeln 181
Grillwurst selbst gemacht
   174 – 177
Heuschrecken 144
Hokkaidokürbis 169
Indian Chicken-Marinade 25
Ingwerbutter 59
Jakobsmuscheln 195
Kay-Yang-Marinade 25
Ketchup Mediterran 205
Knoblauchbaguette 179
Kräuterbutter 59

Kräuter-Orange-
   Marinade 25
Kressebutter 59
Kronfleisch-Fajita 29
Lammkotelett mit
   Rohrzucker 163
Lamm-Marinade 25
Limettenbutter 59
Lomba de porco 73
Madura-Saté 142
Makrele gefüllt 40
Maroni mit Vanilleeis 169
Nackensteak 150 – 153
Nackensteak-Wrap 151
Orangenbutter 59
Pancakes 89
Picanha 73
Real Stuff-Marinade 25
Rippchen 31
Rotwein-Marinade 25
Rotweinschorle 157
Saté-Spieße mit Garnelen
   143
Schweinebraten gefüllt 49
Schweinefilet mit
   Parmesankruste 73
Shish Kebab 165
Sommer-Früchtebowle 157

South-Side-Dream-
  Marinade 25
Steak 134–137
Stockbrotteig 180
Tafelspitz am Spieß 73
Taschenkrebse 144
Thailänd. Chilisauce 209

Tomaten-Bruschetta 159
Tomaten-Garnelen-
  Spieß 159
Tortilla-Wrap mit
  Bratwurst 173
Vietnamesische Rind-
  fleischspieße 143

Weißbrot vom Grill 178
Winterlicher Rollbraten 216
Winter-Rub 216
Zitronenbutter 59
Zucchini mit Frischkäse
  und Bacon 49

# REGISTER

### A

Anti-Stress-Tipps 124–125, 188–189,
  192–193, 196–197
Anzünder 98–100
–, ökologische 99–101
– Tipps zur Anwendung 102, 104–105
Anzündkamin 83, 103
Appetizer 194–195

### B

Barbecue 115–116
Bauchfleisch 15, 181
Beilagen 159, 212–215
Briketts 68–70
– Brenndauer 115
Brotsorten 178–179
Bulgogi-Fleisch 141
Burger 16, 200–203
Buttersorten 58–59

### C

Chicken Wings 17, 90–93

### D

Desserts 17, 182–185
Direktes Grillen 63
Dutch Oven 108, 181

### F

Fisch
– einkaufen 10, 43–45, 119
– zubereiten 14, 36–39, 41, 119, 163
Fleisch
– einkaufen 9-10, 14–15, 18–19, 26–29
– lagern 9–10, 20–21, 65
– schneiden 140, 196, 198–199
– zubereiten 22–23, 96–97, 118, 132–133
Forelle 42–44
Frischhaltetipps 9, 20–21, 170–171

## G

Gargrad prüfen 86 – 87, 138 – 139
Geflügel
– einkaufen 10
– zubereiten 9, 118
Gemüse
– einkaufen 9, 46 – 47, 107
– Spieße 16, 54 – 57, 119
– zubereiten 48 – 53, 119
Geschmacksverstärker 162
–, natürlicher 27
Gesundheitsrisiken
– Löschen mit Bier 148
– Räucher- und Pökelfleisch 146
– Qualm 130
Getränke 156 – 157
Griddle 88 – 89, 109
Grillbürste 82, 111
Grillen am Lagerfeuer 181
Grillfest planen 154 – 155, 188 – 189, 192 – 193
Grillgut
– einkaufen 8, 12, 26 – 27, 140
– lagern 9 – 10, 20 – 21, 65
Grillhandschuhe 82
Grillkulturen
– Asien 142 – 143
– der guten alten Zeit 80 – 81
– Kuriositäten 144 – 145
– Nordamerika 126 – 127
– Orient 164 – 165
– Südamerika 72 – 73
Grillroste 64
Grillsaucen 206 – 211
Grilltypen 76 – 77
– BBQ-Grill-Smoker 63 – 64, 75 – 77
– Direktgrill 76, 116
– Elektrogrill 63
– Gasgrill 63, 77
– Holzpelletgrill 63
– Kamingrill 74
– Keramikgrill 77, 116, 143
– Kugelgrill 64, 76, 116
–, tragbare 78 – 79
Grillwender 82
Grillzange 83, 85, 129
Grillzubehör 82 – 83

## H

Holzchips 131, 167
Holzsorten 115, 131
– Brenndauer 115
– Raucharomen 117, 166 – 167
Hygiene 9 – 10, 21, 65, 110 – 111

## I

Indirektes Grillen 63, 120, 125

## K

Ketchup 204 – 205
Kobe-Fleisch 28
Kochpinsel 83

Kohle 66–67, 70–71
– Brenndauer 115
Kräuterbutter 59

## L

Lachs 42–43
Lammfleisch 165

## M

Makrele 38–40, 42–43, 45
Maiskolben 52
Marinieren 22–23, 25, 97, 149
Moink-Balls 195
Muscheln 195

## N

Nackensteak 15
– zubereiten 150–153

## P

Pizzastein 108

## R

Reinigen 110–111
Rib Rack 109
Ribs 17
– zubereiten 30–31

## S

Saftigkeit 121, 132–133, 147
Saibling 42–43

Sardine 42–43
Scholle 42–43
Schweinefilet 15
Schweinelachs 147
Serviertipps 190–191
Sicherheitstipps 96–98
Smoken 63, 75, 77, 117, 127, 166–167
Steak 16, 19
– zubereiten 134–137

## T

Temperaturbereiche 115–116
– Heißräuchern 75, 116
– Kalträuchern 115
– Warmräuchern 115
Thermometer 35, 82, 87

## W

Wurst 14, 32–33, 170–177
Würzen
– Chili 211
– Meersalz 161
– Rohrzucker 163
– Rosmarin 131
– Salz 160
– Tellicherry-Pfeffer 163
– Thymian 163
– Vanille 163
– Zitronen 163

## Impressum

© 2013 Stiftung Warentest, Berlin

Stiftung Warentest
Lützowplatz 11–13
10785 Berlin
Telefon 0 30/26 31–0
Fax 0 30/26 31–25 25
www.test.de
email@stiftung-warentest.de

USt.-IdNr.: DE136725570

**Vorstand:** Hubertus Primus
**Weiteres Mitglied der Geschäftsleitung:**
Dr. Holger Brackemann (Bereichsleiter Untersuchungen)

**Programmleitung:** Niclas Dewitz

**Autoren:** Thomas Brinkmann, Per-Olof Daude, Udo Gildehaus,
Marco Greulich, Thomas Jensen, Andreas Oppermann,
Manfred Peters, Alexander Schwab, Uwe Wipfler, Silvia Zapp,
Thomas Zapp
**Lektorat:** Niclas Dewitz, Florian Ringwald
**Lektoratsassistenz:** Dr. Karsten Treber, Johannes Tretau
**Korrektor:** Hartmut Schönfuß
**Titel, Art Direktion, Layout, Satz:**
Büro Brendel, Berlin
**Fotos Pro-Contra-Seiten:** Knut Koops, Berlin
**Foodstyling Pro-Contra-Seiten:** Frauke Koops, Geesthacht
**Andere Fotos:** Peter Schulte, Hamburg
**Foodstyling:** Julia Luck, Hamburg
**Fotoassistenz:** Sebastian Muth
**Bildnachweis:** BBQ-Scout GmbH, S. 77 (li, re);
OUTDOORCHEF Deutschland GmbH, S. 76 (re), S.77 (mi);
thinkstock/George Doyle, S. 76

**Produktion:** Vera Göring
**Verlagsherstellung:** Rita Brosius (Ltg.), Susanne Beeh
**Litho:** tiff.any, Berlin
**Druck:** Grafisches Centrum Cuno GmbH & Co. KG, Calbe

**ISBN: 978-3-86851-063-8**